簡明 **臺灣圖史**

從區域地理環境的角度看臺灣史

石文誠、陳怡宏、蔡承豪、蕭軒竹、謝仕淵——撰文

黃富三、翁佳音、李文良、陳有貝、許佩賢——審訂

化浩繁為簡要的一本臺灣史

臺灣歷史從數萬年前的史前文化到近代全球化的發展，其間臺灣社會曾經歷多次跌宕起伏。在這些衝突與洗鍊過程中，不但沒有讓臺灣文化消失，反而為臺灣社會帶來愈發光彩多樣的風貌，讓臺灣文化發展出自己的主體性，突顯出臺灣人的包容度與適應潮流的韌性。

向下紮根、走向國際為行政院文化建設委員會並行的兩大核心目標，因此在致力推廣臺灣文化走向世界的同時，本會也不忘竭力深耕本土文化，建立大眾對於本土文化的認識與認同。早在二○○三年時本會就曾經委請學者專家編纂臺灣歷史辭典，以供學者及民眾讀臺灣史時查詢參酌。本會也相當樂見所屬機關國立臺灣歷史博物館出版這本《簡明臺灣圖史》，從自然環境、政治發展、人文風土等多方面提綱挈領地引導民眾感受臺灣史的脈動，化浩繁的歷史資料為簡要的圖文與列表，讓民眾得以無負擔地學習臺灣歷史。

身為現代臺灣人，我們毋須經歷前人所走過的歷史風浪，就能享有多元融合文化的洗禮，但是我們自有我們必須面對的時代課題，希望讀者們能夠藉由閱讀這本臺灣史，感受先人面對挑戰的勇氣與智慧，並從中獲得啟發、以史為鑑，除了要避免重蹈歷史的錯誤，更應該學會用包容的精神、開創的勇氣去面對新時代的挑戰。

前行政院文化建設委員會主任委員 盛治仁

推薦序
一本圖文互證的簡明臺灣史

有文字記載的臺灣歷史時間並不長，但進步的速度卻非常快，在短短不到四百年內，奇蹟似地蛻變為今日最先進的國家之一。在經濟上，它原本屬於自足型態，但自一六二四年荷人領臺後，由轉口貿易進而為農商連體，確立本土主體經濟，其後成長迅速，如今已蛻變為工商繁榮的高科技國家之一，傲視東亞。在政治上，它經歷了五個時期的外來政權高壓統治後，近年來卻和平地產生第一個華人民主國（The first Chinese democracy）。這是人類文明史的奇蹟之一。為什麼？可能與臺灣的地理特性與歷史遭遇有關。

首先，臺灣位於東亞島弧中點，控東亞航線之樞紐。海洋是隔離島民的天塹，也是與世界交通的大道，在一六二四年以前，臺灣基本上是孤島，因而相對落後，然而，自一六二四年荷蘭人入臺後，即引進重商政策，以航海貿易立國，臺灣開始迅速發展。

其次，臺灣具有多樣的地形與氣候，乃一農業天國。本島中央山脈南北綿亙，地勢陡峭，又由於北回歸線正好經過臺灣的中部，因此平地南部屬於熱帶、北部屬於亞熱帶，而山區因地勢高聳而有溫帶、寒帶之分。獨特的多樣化地形與氣候，提供多樣化產業發展的可能性。自一六三〇年代荷蘭人發展農業後，以糖、米為主的產業成為長期的經濟支柱。至於山區則有茶葉、樟腦以及溫帶、寒帶蔬果等特產，自十九世紀後亦陸續登場。因此，臺灣農產品之豐饒與多樣性，世所罕見。至二次大戰後，因人口之激增，經濟重心又逐漸轉向工業，如今已成為高科技工業國家了。

然而，臺灣的歷史命運則十分坎坷。在十七世紀之前，原住民並未建立國家組織以自衛，因此強權覬覦，政權頻頻易手，計有：荷蘭與西班牙、鄭氏王朝、清朝、日本、中華民國，因而臺灣政治、文化史也呈現斷裂性，難以進行累積性的、高層次的發展。然而，自另一角度看，臺灣也因而得以吸收多樣先進的文化，因而得以迅速地、跳躍性地進步。如今，臺灣已吸收多種文化為重要遺產，即在原住民文化之上，添加中國、日本及歐美等文化，塑造成一閃閃發光、小而美之精品。

　　遺憾的是，一般人並不甚瞭解臺灣歷史文化的獨特性與珍貴價值，除了因過去本土教育未受重視外，欠缺展示臺灣歷史與相關文物的適當空間亦是一因。臺灣歷史博物館之成立，可說提供一個完整的展示舞臺，當可彌補缺憾。為此，館方特別規劃一常設展區，以圖文互證的方式提供簡明臺灣史的演變架構，一方面讓民眾可獲快覽之便，一方面提供進一步探討臺灣史之基本認識。本人有幸先睹為快，樂為之序，並期待國人踴躍參觀，融入臺灣歷史的洪流中，與先人親密對話，並激出再創新局之使命感。

國立臺灣大學歷史學系兼任教授
暨中央研究院臺灣史研究所兼任研究員　黃富三

從宏觀的角度看臺灣史

　　近年臺灣史研究逐漸獲得各方關注，本館向來以成為臺灣歷史研究資源中心自許，除了希望能整合、典藏珍貴的臺灣史料及文物，我們從沒忘卻做為一個博物館應負的社會教育使命。為了讓更多人能夠體會、了解讀歷史的樂趣，本館從籌備處時期開始就不斷透過研究發表、書籍編纂、展覽及教育活動等方式，希望讓臺灣史變得更有趣，以提高民眾學習臺灣史的興趣，喚起更多人對於這塊領域的重視，讓歷史不再是對大眾遙不可及的廟堂之學，而是成為民主社會中的公共論壇，讓每個生長在這塊土地上的人都有機會接觸、了解這片土地上發生的事。

　　本館推出這本《簡明臺灣圖史》，編纂宗旨並不是要讀者去記住歷史上的大小事件細節，而是希望提供民眾一本臺灣史導讀書籍，從宏觀的角度去看整體的臺灣歷史文化與常民生活演變。本書編排以時間為軸，運用了簡明的文字，藉由文物藏品以及相關史料的圖像活化歷史場景，讓讀者有更清晰的歷史想像，統整的年表則協助讀者了解臺灣歷史演變與歷史潮流脈動。

　　我常說，臺灣歷史是以臺灣這塊土地為舞臺，各個年代先來後到的臺灣人為主角，在互動交流下共同建構的屬於臺灣人的故事。身為臺灣人，你我有幸參與到這個美麗之島上歷史發展的進程，這個故事仍處進行式持續演進中，希望本書能夠幫助身為故事主角之一的你我，找到屬於我們自己在這個故事、這個時代中的角色定位，承先啟後，為這個故事再添精采的一頁。

國立臺灣歷史博物館館長 呂理政

序章

「臺灣固海上之荒島。」傳統漢人史家連橫在著名的《臺灣通史》的序文上，開宗明義便這樣描述臺灣。

然而，遠古的臺灣，並非一直是座海島。隨著地殼的運動、長期的全球氣候變遷，以及海洋水位的升降，臺灣有時與大陸相連成一體，有時又懸隔成一孤島。

根據研究，臺灣與大陸最近一次被海峽隔開，大約發生在一萬多年前，也就是人類從舊石器時代進入新石器時代前後的事。

雖然，史前人類在臺灣的活動，最早可溯自兩、三萬年前的「左鎮人」，以及位於臺東，代表舊石器時代的「長濱文化」遺址。但若考慮海島地理條件的形成，及其對日後臺灣歷史所發生的根本性影響，我們不妨說，一萬多年前冰河時期的結束，全球海平面上升，這既形成了臺灣海峽，也形成了臺灣「歷史」的新開端。

形成海島後的臺灣，一方面鄰近大陸，易於往來，另一方面又是親潮與黑潮南下北上兩道洋流的交會之地，所以不但沒有孤島的封閉性，反而可藉洋流與季風之便，北往琉球、日本，南下菲律賓、馬來西亞與中南半島等地，得到更廣大的活動場域。

有些學者認為，正因有這樣的好條件，使臺灣成為古代人類從大陸地區逐步遷徙至大洋洲諸島的重要跳板。這支從臺灣出發，綿延擴展超過一千公里的遷徙族群，即我們現在稱為南島語族的祖先。而留居於臺灣的各部族原住民，也因這樣的地理條件，常與海外世界保持接觸，因而保有較強的文化適應能力與多元性的傾向。

即使到了近代，世界海洋商貿活動興起，臺灣比鄰大陸，又不受明朝海禁制約，面向大陸不穩定之局勢時可進可退，能不受波及，且可成為南來北往的航線樞紐，具有如此優良地理條件之臺灣，逐漸引來外商與東西方各海上強權的注意，也因此而登上世界商貿舞臺。

從歷史發展來看，十六世紀以來的臺灣，無論是早期的海盜私商，或者後來的荷蘭與西班牙，乃至鄭成功的入主，以及十九世紀末日本的入侵，無不著眼於臺灣在地理與地緣上的特殊價值，因而也左右了臺灣四百多年的歷史面貌。

如今我們可以理解，清朝派施琅攻克臺灣後，施琅力主將臺灣納入版圖，所持理由即為：「臺灣地方，北連吳會，南接粵嶠，延袤數千里，山川峻峭，港道迂迴，乃江、浙、閩、粵四省之左護。」他的意思，簡單用一句話總結就是：「臺灣一地，雖屬孤島，實關四省之要害。」在地緣政治的防衛觀念下，清廷開始經營臺灣，設置官方行政機構。

就在清朝完成其行政建制後不久，一場規模龐大的「移民運動」發生了。僅在十八世紀間，便有超過百萬以上的漢人先後移入。這種為墾拓而來臺灣定居的移民，論其規模，幾乎跟同時間歐洲白人移入美國的情形相當。這樣自發性且長時間的大規模跨海遷徙，中國歷史上不曾有過，不但寫成了臺灣歷史極為特殊的一頁，也形塑了臺灣社會充滿開創性與草莽性的特色。

憑藉自發性的漢人移民之力，篳路藍縷，辛勤墾拓，兩百多年來，一路把臺灣從荒蕪之地轉成遍地良田，而各種社會組織與產業活動也隨之興旺擴展。到了十九世紀末，在史家連橫眼中，臺灣已是「百事俱作，氣象一新」的寶地了。

然而，地理條件與地緣關係仍主導著臺灣歷史。甲午一戰，臺灣割

讓，開始了長達五十年的日本統治時代。這五十年是歷史發展的大變局，臺民遭新興殖民政府統治、差別待遇，但在殖民管制下，臺灣同時也經歷了一場現代化的社會轉型過程，無論基礎建設、產業或教育都有大幅的進步。其中苦樂悲喜，五味交雜，真是一言難盡。

二戰結束後，日本歸還臺灣。緊接著國共內戰失利，國民政府播遷來臺，往後數年，世界局勢又驟變。

分別由美、蘇主導的兩大國際集團，開始冷戰對峙。臺灣因處於東亞島鏈的核心位置，亦不能不捲入其中，歸入美方陣營，成為東亞圍堵防線中的重要一員。這一國際形勢，竟也左右了之後六十餘年的臺灣歷史發展。

直至上世紀七〇年代，亞洲四小龍經濟起飛，臺灣成長極受世界矚目，歷史的轉向也開始露出曙光。八〇年代，臺灣的高雄港已成為全球第四大貨櫃運輸港，九〇年代以後更長時間保持在全球前三大的地位。冷戰結束後，亞洲新興國家的經濟發展開始起跑，中國大陸也成為世界經濟發展的重要一環，處此亞洲崛起的新局面，臺灣又再一次站上世運際會的關鍵舞臺了。

本書的寫作，範圍雖然涵蓋四百多年的臺灣史，以及更久以前的先民足跡，但形式上則盡量取其簡要，希望用極短的文字，配合豐富的圖片，以讀者一日之內即可通讀的篇幅，表達臺灣歷史的整體面貌。

這樣的敘述，首先面對的困難，就是如何選擇的問題。其中，先民辛勤墾拓的事蹟，以及社會、經濟等方面的變化，固然都應涉及，但在篇幅侷限下，則不求個別事件的詳細周全，而偏重從綿延的時間長河中，始於各地遺址考古發現，終於臺灣解嚴，掏洗影響全局的材料，匯成脈絡，以此重新審視歷史的意義。

歷史不斷累積向前，世局也不斷推陳出新。面對新的世紀變貌，歷史就是最好的嚮導。如果這本小書讓讀者不僅看到過去，也能順其脈絡而對未來產生自信與勇氣，那就是本書最大的成功了。

如果編輯室

1

早期的居民——11

最早的「臺灣人」
多樣的生活適應
貿易與碰撞
原住民傳說中的遠古歷史

2

異文化的相遇——23

早期漢人活動
荷蘭人在臺灣
臺灣海域的強權競逐
十七世紀臺灣島內族群關係

3

唐山過臺灣——43

移民的黃金時代
交織的族群關係

4

地域社會與多元發展——55

信仰
海
平原：米與糖
丘陵：樟腦、客家人
城鎮：商業
後山

5

鉅變與新秩序——79

乙未割讓與鄉土保衛戰
近代統治與社會掌控
由部落原住民到高砂族
殖民經濟的建立
殖民地下的新人民
殖民都市與摩登生活
烽火歲月

6

邁向多元民主社會——113

戰爭結束與中華民國政府接收
冷戰下的臺灣
臺灣經濟起飛
解嚴與民主化
眾聲喧嘩

1

早期的居民

依賴簡單的石器、陶器等工具而生活的史前人類，通常被想像成生活困難，環境危險，必須非常努力才能維持生存。不過，這種想像，對氣候和自然條件皆優良的臺灣來說，也許可以稍有不同。

依照考古學者的研究，臺灣史前居民所食用的動、植物種類很多，只需用簡單的器具，便能以採集或捕獵等方式取得。這包括根莖類作物，還有魚類、獸類等肉品，另外也有取之不盡的林木可充作建築材料和生活器具。考古學家張光直曾將這種生活形態稱為「富裕的食物採集文化」。這種優越的生活條件，一方面讓人想起古代傳說中衣食富足、恬靜和樂的「無懷、葛天之民」，另一方面也為農業文化奠下基礎，以此支撐人口的逐步增長。

然而，最早的臺灣史前人類從哪來呢？要回答這個問題，必須先從史前的氣候與地理狀況開始說起。

大約五萬年前，全球尚處於冰河時期，南北極的冰層結得既廣且厚，海面遠比今日為低，臺灣與亞洲大陸相連的土地也露出水面。從近年在臺灣海峽挖掘出該時期的鹿、牛化石，可以推測當時應有人類為狩獵而踏上臺灣的土地。到了距今一萬年左右，地球再次暖化，海面上升，慢慢淹沒陸地，臺灣成一海島。此後的人類便只能透過船隻往來兩地了。

但隨著海水上升，人類的海上活動能力也逐漸加強。此時的海洋不但未將臺灣孤立，反而成為一種新的聯繫通道，使臺灣繼續與遠方的地區保持頻繁的文化互動。

海島的臺灣，不但是史前人類尋求適當居所的落腳地，似乎也是族群向外遷徙的關鍵中繼站。有些學者認為，整個大洋洲地區，人數多達兩億五千萬的南島語族，其逐步擴散的起始地，就是臺灣。可見透過島嶼間的海上交通，臺灣與數千公里外的住民，也能間接產生文化

臺東卑南遺址的考古現場。卑南遺址面積超過三十萬平方公尺，是臺灣東部新石器時代的代表性遺址，目前在遺址上已成立了卑南文化公園，園區內可以看到正在發掘的考古現場。

連結，這種開放的地理與人文特性，實在是世界其他地方所少見。

最早的「臺灣人」

　　人類文化的最初階段，我們稱為舊石器時代。不過，在很長一段時間裡，臺灣都沒有發現舊石器時代的人類遺留證據。到了一九七一年，在臺南左鎮菜寮溪附近，發現距今約二至三萬年的人頭骨片和牙齒化石。這是臺灣島內至今發現最早的古人類化石，屬於舊石器時代晚期的現代人（智人）種（Homo sapiens），學者將之命名為「左鎮人」。

八仙洞遺址史前人類活動復原模型。八仙洞為臺灣舊石器時代最重要的遺址之一，由於該遺址發掘出土許多的打製石器，及一些相關的生態遺骸，使我們得以試圖重建當時人類可能的生活原貌。由出土的遺物判斷，當時的人類可能已經會使用火，並使用魚鉤捕魚，使用石片器處理漁獲，且可能有使用砍砸器敲砸獸骨的行為。

由於這次的考古發掘，並未伴隨文化遺物的出土，所以我們無法推想當時左鎮人的生活樣貌。不過，一百多公里外的臺東長濱的八仙洞遺址，倒是提供了很多寶貴資料，讓我們可以想像臺灣舊石器時代晚期人類的生活樣貌。與左鎮人相反的，八仙洞遺址雖未發現人骨，但史前文物卻相當豐富，包括各種石器、漁獵工具、火堆餘燼等。這是臺灣目前年代最早的遺址，考古學家稱其內容為「長濱文化」。

　　長濱文化的居民以採集和漁獵為生，知道用火，但尚無農業，也無製陶技術，居住在天然的山洞中，其活動時間可上溯距今二～三萬年前。

墾丁遺址史前人群活動復原模型。臺灣南部的墾丁，位於山、河、海多元交錯的豐富地理環境中，氣候優良，生態豐富，自古即適於人居。而位於墾丁遺址的史前人類，已進入新石器時代，當時人們已經開始使用陶器、磨製石器等日常工具，也進入了農業社會。墾丁遺址的人們不但開始過著自給自足的聚居生活，同時也持續與外界進行交流與互動。

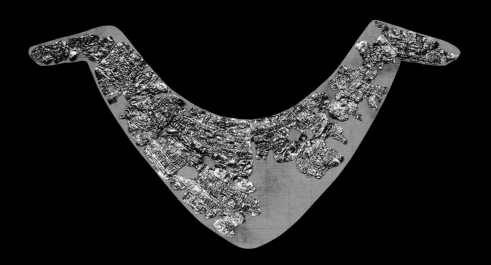

在臺灣的鐵器時代，有少數的遺址曾經發現黃金的遺存，臺東的白桑安遺址即為其中一例。
這些黃金遺存包括有金箔貼飾、含金箔的管珠、鎏金銅碗等等。圖中的金飾（由於出土物呈
現碎屑狀，故利用紙板予以固定成形）即為白桑安遺址出土的陪葬品，屬於史前靜浦文化遺
物，為金箔性質的貼飾；原本可能包覆在某種有機物之上（國立臺灣史前博物館藏品，此為仿製品）。

多樣的生活適應

距今六千年前，居住在東亞大陸南方沿海的居民，乘船來到臺灣。透過這些新移民，臺灣的史前文化也進入另一個新階段。

考古學家稱這些新移民文化為「大坌坑文化」。實際上，這一時期的新文化分布極廣，各處都有型態接近的遺址被發現。不過，大坌坑文化除了是臺灣新石器時代的代表性文化外，有部分學者認為，它也是臺灣原住民，以及「南島語族」（Austronesian）的先祖。

新石器時代的臺灣，農業逐漸成為生活的重心。這時期的遺址中，開始出現大量的石鋤、石刀等農具。農作物除根莖類的芋頭、薯蕷外，水稻、小米的種植也在距今近五千多年前開始出現。且隨著農耕經驗的累積，當時可能已發展出篩選稻種的技術。

穩定的農耕定居生活，使工具製造技術得到發展，改造環境的能力也進一步加強，這便支撐了人口的增加，於是，臺灣的史前住民開始離開濱海，轉向內陸擴張。一批批的遷徙者建立起一個個新聚落，其足跡遍布全臺，甚至抵達海拔三千公尺的高山地區。這樣的遷徙，同時也促成島內各族群的廣泛接觸。

如果想為這廣泛接觸的時代找到一項象徵物，那大概就是玉器了。雖然玉器原料只生產於臺灣東部，但史前玉器卻廣布於全臺各地的遺址中。即使陡峻如中央山脈或雪山山脈，也無法阻隔玉器隨族群的交往互動而向外擴散。可見史前住民彼此往來互動的情形，遠較我們今天想像的還要廣泛熱鬧。

淇武蘭遺址出土文物（宜蘭縣政府文化局藏品，以下為仿製品）。淇武蘭遺址位於宜蘭礁溪，是宜蘭
地區出土最重要的鐵器時代遺址。依據文獻的比對，該遺址上所居住的人群，應該是近代的
噶瑪蘭人的祖先。該遺址出土大量的居住現象結構、日常用品與墓葬，對應於歷史文獻，可
以讓我們重建許多早期噶瑪蘭人的日常生活。

淇武蘭遺址出土的玉壺春瓶破片，是
當時居民與外地人交易的物品之一。

淇武蘭遺址出土的銅錢——洪武通寶，與玻璃
珠飾、瓷碗一起置於墓中，作為當時噶瑪蘭人
的陪葬品。

淇武蘭遺址所出土的瑪瑙珠。在臺灣各地鐵器時代的遺址，普遍可以見到此類
物品，顯見鐵器時代以後，島內外的交通貿易網絡十分的活躍。一直到近代的
原住民，仍然保存著大量的玻璃、瑪瑙飾品。

淇武蘭遺址所出土的金屬配飾。

貿易與碰撞

距今約二千多年前，臺灣正式進入了「鐵器時代」。這一時期的考古發現，可以臺北八里的十三行遺址為例。此處出土的煉鐵遺跡，使我們知道當時住民已有製作鐵器的能力，而各種農耕、狩獵的工具，不再只是石器、木器，也開始出現效率較高的鐵器。

一個有趣的現象是，臺灣到目前為止，並未發現出土大量銅器的遺址。臺灣的物質文化，似乎是跨過了銅器時代，直接從石器時代一躍而進入鐵器時代。

鐵器的使用，象徵物質文化抵達另一個新的里程碑。鐵器以外，人們使用的陶器種類越來越多，往日以自然世界為核心的生活，似乎逐漸向一個新的器物世界靠攏。人們開始在宗教、美感，還有社會組織

達悟族神話：竹生人和石生人（國立臺灣歷史博物館藏品）。達悟族的傳說中，人類曾被一陣蓋過山頂的海嘯所滅亡，如此過了十三、四年，大水退去，露出磯石，土地也慢慢長出竹林。有一天，天神經過蘭嶼，拋下一顆石頭，石頭破裂生出一個男人，男人走到海邊，海邊竹子突然裂開，也生出一個男人。兩人膝蓋相碰，右膝生下男人，左膝生下女人，便繁衍成今日的達悟人。

　早期的居民

與階級等方面，對器物賦予更複雜的意義。

在鐵器時代的遺址裡，我們發現許多來自中國、日本、韓國、琉球，甚至東南亞等地區的陶器、瓷器、銅錢、玻璃，以及金屬等製品。這些物品是海洋遠距貿易交流的成果，更是臺灣早期與多元異文化頻繁交流的歷史紀錄。

原住民傳說中的遠古歷史

遠在文字未產生以前，人類就有了語言，有了語言就有代代相傳的神話與傳說。這些神話與傳說輾轉相傳，每個傳播的人都貢獻一點心力，把故事加以潤色，如此生生不息地延續下去。這些故事蘊含著祖先的智慧、族群的信仰，也包括了對天地創始的想像。我們不妨把這些神話與傳說，看成一種語言的文化遺址，並從中體會先民在天地自然間的生命感受。

臺灣的原住民族群甚多，雖各族略有差異，卻不約而同有著大洪水的傳說。這代表著冰河時期的結束，氣候逐漸暖化，海水上升，各地水患不斷的先民記憶。事實上，我們的祖先正是這波氣候暖化下，洪水災害的倖存者。先民以其智慧渡過這場洪水的浩劫後，人類的文化也就由舊石器時代躍入新石器時代了。

與洪水相關的神話還有射日的傳說，這也是氣候暖化下的先民記憶。射日勇者智取驕陽，最後終於讓族人恢復安居樂業的生活。這類傳說的本意，似乎在告訴後人，無論面臨多大的災變，我們只要保有勇敢、忍耐和智慧，必能克服，重得幸福。

圖為賽夏族的巴斯達隘祭典，又稱為矮靈祭，是延續至今日賽夏族最重要的祭典（國立臺灣歷史博物館藏品）。此一祭典每兩年舉辦一次，逢十年則擴大舉辦。舉行此一祭典的目的，是為了安慰叫做 ta'ay 的矮人亡靈。

從前 ta'ay 矮人能歌善舞，且精通法術，所以賽夏族人對之又敬又怕。但矮人常玷污賽夏族的女性，族人最後決定報復，用計使矮人摔下山谷，僅有兩個老人逃過一劫。老人傷心地離開該地，離開前則教授他們祭歌祭舞。從此每隔兩年，賽夏族都要為矮人舉行祭典，以祈求族人平安順利。

　　有些臺灣原住民的傳說，認為其先祖係從島外跨海而來，這呼應了許多考古研究認為臺灣早期住民乃由外地移入的推論。但也有某些原住民傳說，認為其先祖誕生於某聖山的石頭，或由靈鳥攜來、或誕生於百步蛇等，反映了在地誕生的性質。

　　從這些豐富的傳說中，我們可以感受到先民文化的多元性，也可以看到不同族群心理結構的微妙差異。透過部落老者的叮嚀訴說，還有祭典上的各種儀式，這些代代相傳的故事，把原住民的遠古歷史一路聯繫到現在，並繼續流傳下去。

2

異文化的相遇

宋、元時期，也就是距今約八百年前，中國東南沿海的貿易活動已經十分活躍了。無論是南下到呂宋、婆羅洲的航線，或是北上經琉球到日本的航線，都有熟悉季風、洋流與路線的船隻，定期載著人員貨物，熱絡地往來。這些航線及其涵蓋的東亞地區，到了十六世紀，更因歐洲人的到來，益加地繁榮與重要起來。

　澎湖與臺灣，位置剛好在南北航線，以及東亞貿易圈的中央要衝上。尤其臺灣北部的雞籠、淡水，一直是北段往琉球、日本的航行指標，而南部的沙馬磯頭（今墾丁鵝鑾鼻、貓鼻頭一帶），則是南段往呂宋、婆羅洲的指標。

　在十五世紀，中國與琉球間的朝貢貿易興起後，雞籠、淡水因地利之便，很快就成為中、日商人，以及海盜從事貿易的重要據點。到了十六世紀，歐洲人積極加入東亞貿易圈，當時葡萄牙人以澳門為據點，循漢人熟悉的航線北上日本，途經臺灣時，遙望岸上林木蓊鬱，驚嘆此島之美（Ilha Formosa）。一五八二年，一艘搭載三百多人的中式船隻，船上有多名葡萄牙、西班牙籍的傳教士，在前往日本途中，觸礁沉沒於臺灣北部，他們上岸等待救援，停留兩個月後才回到澳門。這些傳教士可能是歷史上最早來到臺灣的西方人。

　一五九一年，日本豐臣秀吉曾遣使呂宋，要求西班牙人臣服。一五九三年，日本又向其所謂的高山國（臺灣）發出招諭書，但因找不到人交涉，只好原件帶回。這一場看似烏龍的外交事件，卻是日後強權競逐臺灣的先聲，牽動了當時東亞局勢的發展。

　進入十七世紀後，活躍在東亞貿易圈的歐洲人，以及中國、日本等勢力，既公開合作，也暗中較勁。臺灣在日本、西班牙二股勢力的交會衝突下，逐漸突顯其戰略位置的重要。一六二四年，積極與西班牙競逐海權地位的荷蘭，派兵占據大員（今臺南一帶），並對往來船隻

《東西印度驚奇旅行記》一書中描繪的十七世紀福爾摩沙人。

一六〇二年成立的荷蘭東印度公司，是由荷蘭十數家從事遠程貿易的海上公司合組而成，在東起非洲好望角，西至南美麥哲倫海峽的海域內，擁有貿易壟斷權。圖為荷蘭東印度公司徽誌，由其荷蘭文（V.O.C）縮寫設計而成。

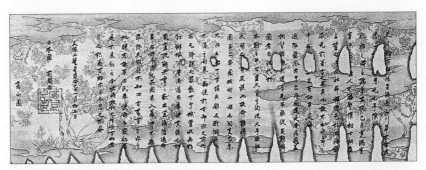

高山國招諭文書。一五九一年，統一日本的豐臣秀吉，向臺灣的「高山國王」發出招諭文書，因找不到人交涉，原件帶回。

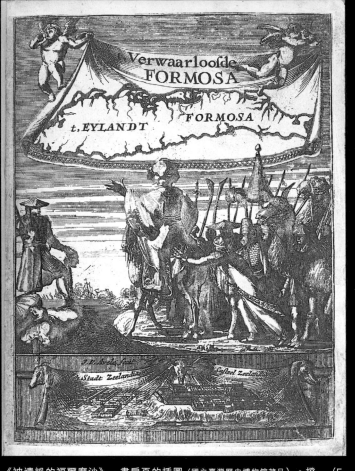

《被遺誤的福爾摩沙》一書扉頁的插圖（國立臺灣歷史博物館藏品）。揆一（F. Coyett）是十七世紀荷蘭的末代臺灣長官。他與鄭成功簽訂合約，獻城投降，返回巴達維亞後，立刻遭到審判，流放班達（Banda）附近的小島。揆一在島上度過八年，他的子女才將他贖回。回國後，於一六七五年出版《被遺誤的福爾摩沙》一書，書中譴責東印度公司高層怠忽職守，他因孤立無援才丟掉臺灣。作者署名 C. E. S.，意為 Coyett 及其同僚。此張插圖上方繪了一張西部在上的臺灣橫式地圖，圖中騎馬的人是鄭成功，造型奇特，還繪有駱駝隨後。圖下方則為熱蘭遮城。

與貨物徵稅。西班牙受此刺激，二年後也出兵占領了北臺灣。

十七世紀初，東亞成為全球經濟大循環的最後一塊拼圖，而臺灣也因其特殊的地理位置，受到國際關注。此時的臺灣，已不能再隱身為傳說的蓬萊仙山，必須隨世運的波濤洶湧，邁入充滿機會與危險的近代歷史中。

早期漢人活動

福建漁民很早以前就在臺灣、澎湖附近海域作業，尤其臺灣西南部海域是烏魚洄游的路徑，每年入秋都引來大批漁民捕捉，並在今日之嘉義、臺南沿岸晒製漁獲。

西班牙里爾銀幣（國立臺灣歷史博物館藏品）。這是西班牙菲利浦二世（Felipe II，1556-1598）時期製作的里爾（real）銀幣。幣值有 1/2、1、4、8 里爾。里爾銀幣為西班牙在菲律賓建立據點後，歐洲人在東方使用的貨幣。當時亞洲各地與西班牙、葡萄牙人通商地域（包含臺灣），都流通這種貨幣，可說是十七世紀在東亞最普遍使用的銀幣。

此張描繪十七世紀臺灣島上漢人生活之版畫（國立臺灣歷史博物館藏品），常被人誤解為描寫漢人男耕女織，相處融洽之景象，但若對照原書中文字，其實圖像是要反映十七世紀臺灣移民社會的不穩定。書中描述當時臺灣男人刀不離身，而婦女一般不與男人同席共餐。明清時期，海盜常在中國東南沿海擄掠女人，做起人口販賣的生意。在臺灣找不到老婆的「羅漢腳」，很多便向人口販子買來女人成親。

　　除了捕魚，臺灣西部沿海也是中日私商、海盜的會合貿易處。一五六七年，明朝局部性的開放海禁，但仍不准對日貿易。一些福建海盜、私商，只好依循傳統東洋航線，由澎湖來到臺灣，在官方鞭長莫及下，與南來的日本商人會合貿易，或與島上的原住民從事土產交易。

　　「雞籠山」是明代中國人對臺灣的稱呼之一。雞籠、淡水一帶會引起外人的注意，原因是雞籠乃福建前往琉球、日本航線的重要地理座

標，而淡水則是船隻停留汲水處。尤其是一五七〇年代以後，明朝官方正式認可雞籠、淡水為採捕之處，益加凸顯兩地的重要性。

到了十七世紀初以後，臺灣西南海岸的北港、大員等地，也崛起成重要的走私交易地。走私的猖獗，一方面是官方的禁止條例與貿易之事實相距甚遠，另一方面也是臺灣地處海外，向為中國兵威不及之地，故當時人稱臺灣「可濟水米，自去自來」。

然而，當時如林道乾、林鳳、顏思齊等海盜、海商集團，因具備一定的武裝保護能力，往往依附數百甚至數千民眾，隨其居留臺灣。從某個角度說，這些集團也成為漢人移民臺灣的開路先鋒。

濱田彌兵衛劫持臺灣長官（國立臺灣歷史博物館藏品）。日本人雖早於荷蘭人在臺灣從事貿易，但荷蘭人據臺後卻限制日人來臺貿易，並向日本人的進出口貨物課稅，這令日本人相當不滿，拒絕納稅。一六二八年，一艘日本來臺的貿易船被荷蘭人拘留，船長濱田彌兵衛憤而率眾入商館劫持臺灣長官納茨（Pieter Nuyts），迫其簽訂條約並交換人質。
圖中所繪即濱田彌兵衛挾持納茨的情景，圖右坐在椅子上的便是納茨。日荷在臺灣的貿易衝突後來愈演愈烈，當時的德川幕府為了報復，也禁止荷蘭人在平戶的貿易。荷蘭人不得已，以納茨為人質，遣使赴日請求重開貿易，此事件一直到一六三六年納茨獲釋後才告一段落。

荷蘭人在臺灣

　　為拓展對中國的貿易機會，荷蘭東印度公司一直在中國東南沿海尋找據點。剛開始，他們以澎湖為目標之一，但在一六〇四年與明朝官員談判後撤出。一六二二年，荷蘭人出兵攻打澳門，遭葡萄牙人擊退，經此波折後他們重新占領澎湖。經過兩年與明朝的對抗談判，雙方同

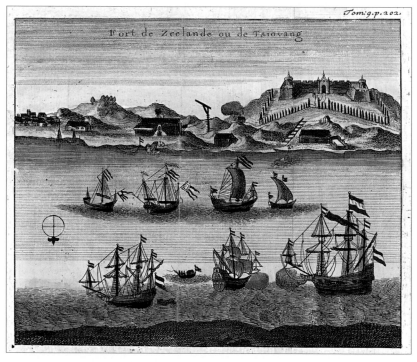

一六一九年，荷蘭東印度公司在巴達維亞建立總督府，負責亞洲貿易事務。一六二四年占據大員（Taijouan），開啟臺灣史上的荷蘭時代。本圖為描繪臺灣（熱蘭遮）城初建時的景象（約一六三〇年），城建在今臺南安平的沙丘上，外面用木柵圍住，旁邊的房子分別為公司商館、倉庫。最左邊為中國生意人的住宅與店鋪。前方則為舊安平港口，港中可見荷蘭船隻與中國帆船（國立臺灣歷史博物館藏品）。

「沈有容諭退紅毛番韋麻郎等」碑。西元一六〇二年，荷蘭聯合東印度公司成立，他們的重要目標之一，就是要來中國通商。二年後，公司派遣船隊來中國沿海謀求貿易機會。當時的艦隊司令官韋麻郎（Wijbrant van Waerwijck）先來到澎湖泊船，再派使者前往福建，試圖和中國建立貿易關係。

然明朝因倭寇騷擾閩粵沿海，海疆不靖，拒絕了韋麻郎的通商請求。當時負責防守福建一帶海域的軍事將領沈有容告訴韋麻郎，澎湖是中國的領土，要求荷蘭人改往其他地方，韋麻郎知難而退，此即立碑之緣由。

意荷蘭人轉占臺灣南部的大員。

　　荷蘭人統治臺灣後，除拓展海上貿易外，也初步建立起一個秩序化的開墾社會。臺灣之前雖是個開放之地，但因有海盜、私商和原住民的威脅，並未吸引大量漢人前來開墾，加上大面積的農業開墾，需要投入足夠的資金與設備，若無組織集團介入，也很難擴大規模。故荷蘭人初到臺灣，即決定積極鼓勵漢人前來開墾，發展甘蔗與稻米種植，並提供借貸、耕牛、免除稅賦等獎勵措施。另外，征服原住民村落、壓制海盜，提供一個穩定的生產環境，也使臺灣成為一個便於居住營生的地方。

31

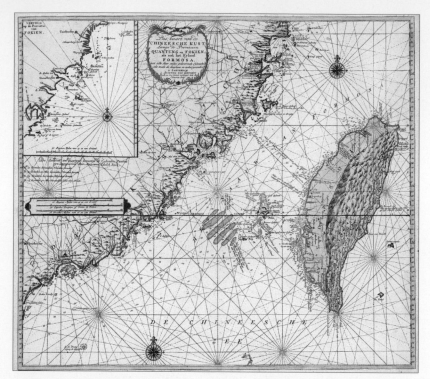

中國沿海廣東、福建並福爾摩沙島海圖（國立臺灣歷史博物館藏品）。十七世紀初期，荷蘭人即聽聞臺灣東部產金的傳說。到臺灣後，荷蘭人曾數次派探險隊前往東部探金，雖不成功，卻因此對東海岸的地理知識有進一步的了解。此圖可反映十七世紀荷蘭統治時期的臺灣，除了西岸的描繪外，也標示了東部山區部分原住民的村落。此圖可大致呈現當初探金隊所走的路線，與行經之原住民村社。

　　同一時間，占領島嶼北端雞籠、淡水一帶的西班牙人，並未計畫、也未創造出一個適合漢人移民墾殖的地區。一六三三年，西班牙道明會神父艾斯奇維（Jacinto Esquivel del Rosario）曾建議輸入中國或日本農民來臺，以開墾臺北盆地的沃土，但未受採納。可以確定的是，如果荷蘭東印度公司未積極介入經營，漢人大量移居臺灣的過程也許要更遲一些才會發生。

臺灣海域的強權競逐

馬尼拉的西班牙人從一五九○年代開始，已有征服臺灣的計畫，不過一直到一六二四年荷蘭人占領大員後，才感受威脅，決定在一六二六年占領臺灣北部的雞籠。荷、西兩國為了競爭海權，相互敵對，且一從東來，一從西來，各自繞了半個地球，竟又在臺灣交會，一南一北，彼此對峙，實在令人意外。

荷、西兩國在歐洲及亞洲各地，戰火不斷，宿怨已深，如今同在一島，自然無法和平共處。一六二九年，雙方在淡水一帶，曾發生小規模的交戰。

一六三○年代，因東亞海域出現貿易不振的現象，再加上雞籠、淡水的經營一直依賴補給，未見績效，所以西班牙人開始出現反對占領臺灣的爭議。一六三六年，西班牙人撤出淡水兵員，拆除城堡，退守雞籠。這對荷蘭人來說，代表了敵人的退縮，是個好消息。於是一六四二年，荷蘭船隊開往雞籠港灣，並在和平島登陸，在雙方小規模的接觸交戰後，西班牙駐軍很快就豎起白旗投降，結束在北臺灣十六年的短暫統治。

荷蘭雖然輕易打敗宿敵，但另一個強勁的海上對手——國姓爺鄭成功，則仍有芒刺在背之感。原來，荷蘭人與鄭家的海上勢力，一直維持既競爭又合作的關係，雖曾齟齬交戰，但也是往來頻繁的貿易夥伴。一六四○年代以後，滿清入主中國，微妙的政治變化使荷蘭人與鄭家的關係漸趨緊張。一些荷蘭人甚至認為，一六五二年的郭懷一叛亂，就是鄭成功在背後煽動操控的。

基本上，當時臺灣與中國沿海的貿易是掌握在鄭成功手上，一六五六年國姓爺下令貨物禁運臺灣，荷蘭人無計可施，只能遣使和

DESCRIPCION DEL PVERTO, DE LOS ESPAÑO LES EN YSLA HERMOSA

談。此後荷蘭人便一直聽聞國姓爺將攻臺的傳言。

　一六六一年四月，傳言成真，鄭成功大軍抵達臺灣，包圍大員九個月後，終令荷蘭人於一六六二年二月開城投降，也開啟了鄭氏在臺灣的統治。而臺灣於荷蘭時代所建立的漢人社會雛形，也在鄭氏入主後得到進一步的確立。

一六二二年，荷蘭東印度公司派駐在巴達維亞的總督顧恩（Jan Pieterszoon Coen），派司令官雷爾松（Cornelis Reijersen）前往中國，建立貿易關係。不同於十八年前的韋麻郎，雷爾松此次奉命不惜發動戰爭，以打開中國通商門戶。雷爾松率艦先攻擊澳門不果，再轉據澎湖建立城堡，試圖以武力與和談方式逼迫福建當局屈服。圖為當時荷方派船隻脫隊漂到今福建九龍江沿岸，其中四名成年人與二個少年水手上岸後，與當地居民發生衝突的場景（國立臺灣歷史博物館藏品）。

左圖：西班牙人於一六二六年占領北臺灣的雞籠，二年後，再據淡水設立要塞，與占領南部的荷蘭人形成對峙局面。本圖描繪西班牙人所占領的雞籠、淡水一帶（國立臺灣博物館藏品）。

ROBERTUS IUNIUS, ROTEROD. BAT. VOCATUS IN INDIAM AN. XXVIII.
PASTOR IN FORMOSA XIV. DELPHIS VIII. NUNC AMSTELODAMO ÆTAT. XLVIII.

Hac formâ, Formosâ brevi formatur in ære
　　Iunius, Æoo cognitus orbe, tuus.
Infaustis petit quem non semel Amslela Delphis,
　　Ingemit in tabula, non potuisse loqui.

Ásy die den Formosaan, in d'andre Weereld slechte,
En 't Christendom tot Delfft, met leer en leven slechte,
Is nu in Amsterdam, een Iuil, en kerkpilaar,
Met eeren draaght hy dan een kroon van Zilverhaar.

祐紐斯牧師（Robertus Junius）肖像（國立臺灣歷史博物館藏品）。康第紐斯牧師
（Georgius Candidius）是荷蘭東印度公司派遣來臺的首位牧師，本圖所繪則是第二
位牧師祐紐斯。祐紐斯在一六二九年抵達巴達維亞城，不久即受指派到臺灣當康第
紐斯牧師的助手。祐紐斯牧師在臺傳教甚久，以本土化的方針為臺南平埔原住民編
寫教理問答等教材。與康第紐斯相比較，祐紐斯的傳教策略更嚴苛而有行動力，他
強力配合公司扮演殖民征服者角色，可以說他藉由挑動殖民當局伸張管轄權，以擴
張傳教範圍。

十七世紀臺灣島內族群關係

十六世紀，臺灣島上的原住民早已習於與外界接觸交易，尤其在十六世紀中葉後，中日私商、海盜頻繁地來到臺灣。在與外界經常接觸下，他們早已習於見到「外國人」，甚至已有一套應對外國人的方式。例如明代的《東西洋考》便記載，前往雞籠貿易的中國商人獲邀至原住民家中作客，並接受熱情的酒食招待。

十七世紀，荷、西分別占領臺灣南北兩地，開始改變原由中國商人逐步建立的貿易機制。事實上，當時島上的族群大致形成一種三角關係，也就是歐洲人、漢人與原住民這三方，各有實力，常須相互遷就合作，才能推動政務。而這三方面又各有不同的利害，有時也必須結合另一方以打擊第三方。例如荷蘭人有時必須透過漢人來剝削原住民，有時又需與原住民合作結盟，以壓制漢人的走私活動。

同樣的，一六四二年，荷蘭人與漢人移民關係緊繃，荷方便利用地方會議（landdag）的召開，勸誡原住民留心漢人，離間雙方的關係。又在一六五二年漢人的武裝反抗活動中，拉攏原住民與其一同打擊漢人。

從原住民的角度來看，選擇與荷方合作，好處是可藉荷方的勢力增加自己的聲威，並可結合荷軍打擊敵對部落。這種情況也發生在北部的原住民與西班牙人之間。甚至，連遠在北美地區的印地安人，也上演著同樣的戲碼。可以說，這是世界各地原住民在遇上西方近代文明時，難以避免的挑戰與宿命。

另外，歐洲人也常用宗教的力量，希望原住民改變信仰，並進一步拉近彼此的關係。然而，這種改宗對原住民社會的影響可能是有限的。以北部淡水河口的圭柔社原住民來說，他們接受天主教信仰的原因，可能是為了村落間勢力的平衡。所以當西班牙人撤離淡水後，信仰的

活動也就停止了。另外，南部的新港社原住民是最早接受基督教信仰，也是對荷蘭人最忠誠的一群，但當鄭成功軍隊登陸後，他們隨即與鄭軍合作。務實地說，原住民往往是選擇性的接受所謂的改宗，而有時可能只是將外來信仰巧妙的與原有信仰並存結合而已。

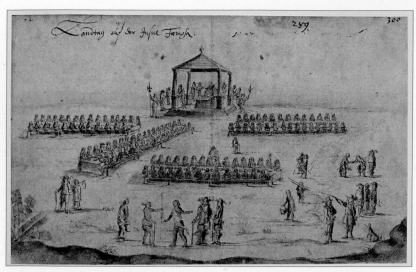

十七世紀地方會議圖（國立臺灣歷史博物館藏品）。一六三六年荷蘭臺灣長官普特曼斯（Hans Putmans）於新港社召集會議，令各歸順村社代表舉行合約確認儀式。此後，新任長官幾乎都會與南北各村社的首長會面，以鞏固兩者間的聯盟關係。圖為德國人司馬爾卡頓（Carspar Schmalkalden）於一六四八年來臺所見地方會議集會的情況。村落首長各依地位與荷蘭官員穿插分坐，會後並舉行宴會。地方會議的舉行，目的在宣示荷蘭東印度公司的統治權威，但原住民也透過與公司的合作得到好處。與公司結盟，除能得到安全保障，還可藉機打擊敵對的村落，獲致光榮戰果，在村際與部落內炫耀戰功。

大航海時代的臺灣大事記

1535	嘉靖十四年	●葡萄牙人在澳門一帶，逐漸取得官方允許之貿易機會。
1563	嘉靖四二年	●海盜林道乾在明朝都督俞大猷追擊下，經澎湖逃往臺灣。
1582	萬曆十年	●自澳門出發欲至日本貿易的葡萄牙船隻，遭風擱淺於臺灣北部海岸，船上載有葡、西傳教士等三百餘人，為西方人登上臺灣陸地的最早紀錄。
1593	萬曆二一年	●日本豐臣秀吉派使者到高山國（臺灣）招諭納貢。
1602	萬曆三十年	●明政府派福建都司沈有容至澎湖、臺灣追剿倭寇，陳第隨行。荷蘭聯合東印度公司成立。
1603	萬曆三一年	●陳第將出海見聞作成〈東番記〉一文。
1604	萬曆三二年	●荷蘭東印度公司欲與明朝通商，派艦隊司令韋麻郎率船東來，欲於澎湖駐軍，為沈有容諭退。並刻「沈有容諭退紅毛番韋麻郎等」碑為記。
1619	萬曆四七年	●荷蘭東印度公司在爪哇島的巴達維亞設總督府。
1622	天啟二年	●荷軍攻澳門失敗，轉而占領澎湖。
1624	天啟四年	●占領澎湖的荷軍被總兵俞咨皋出兵攻擊，轉往臺灣大員（今臺南安平）登陸。開始修築奧倫治城（後改稱熱蘭遮城）。
1625	天啟五年	●荷蘭人在赤崁規劃興建普羅岷西亞市鎮。
1626	天啟六年	●西班牙人到達臺灣最東點，將此地命名為三貂角（Santiago）。五月於雞籠和平島舉行占領儀式，開始建築聖薩爾瓦多城。
1627	天啟七年	●荷蘭傳教士康第紐斯至新港社傳教。
1628	崇禎元年	●日本朱印船船長濱田彌兵衛因來臺貿易問題，在進入商館長官官邸交涉時，擄走荷蘭長官納茨至日本。 ●西班牙人於淡水建聖多明哥城。

1633	崇禎六年	●鄭芝龍於料羅灣大敗荷蘭長官普特曼所率船艦。
1634	崇禎七年	●熱蘭遮城完工。
1636	崇禎九年	●荷蘭征服麻豆社、蕭壠社，大員附近二十八個番社向聯合東印度公司宣示效忠。 ●荷蘭召開首次「地方集會」。
1640	崇禎十三年	●荷蘭人開始實施人頭稅。
1642	崇禎十五年	●荷蘭人率艦至雞籠驅逐西班牙人，西班牙敗退離開臺灣，西班牙占據北臺灣共十六年。
1644	崇禎十七年 （順治元年）	●吳三桂引清兵入關，明朝滅亡。 ●荷蘭人正式每年召開地方會議（landdag）。
1645	隆武元年 （順治二年）	●唐王賜鄭成功朱姓，鄭成功因此被稱為「國姓爺」。
1646	隆武二年 （順治三年）	●鄭芝龍投降清廷。
1648	永曆二年 （順治五年）	●荷蘭人於麻豆社、赤崁設學校。
1652	永曆六年 （順治九年）	●因不滿賦稅及罰款負擔沉重，漢人密謀抗荷，稱為「郭懷一事件」，漢人不敵荷蘭與原住民聯軍，被殺者據說數千人。
1653	永曆七年 （順治十年）	●荷蘭人於赤崁所築之普羅民遮城完工。
1656	永曆十年 （順治十三年）	●清廷實行海禁政策，規定「片板不得下海」。
1659	永曆十三年 （順治十六年）	●曾任荷蘭人通事職務的何斌，投效鄭成功，並遊說鄭成功奪取臺灣。
1661	永曆十五年 （順治十八年）	●鄭成功先攻澎湖，再攻臺灣，由臺南鹿耳門登陸，普羅民遮城荷蘭赤崁郡守投降。五月，鄭成功定臺灣為東都，設一府（承天府）二縣（天興縣、萬年縣）。

1662	永曆十六年 （康熙元年）	●荷蘭臺灣長官於二月與鄭成功簽訂合約，撤出熱蘭遮城，結束荷蘭人在臺灣三十八年的統治。 ●鄭成功卒，子鄭經嗣位。
1664	永曆十八年 （康熙三年）	●鄭經棄金門、廈門，退守臺灣。改東都為東寧，改天興、萬年兩縣為州。
1666	永曆二十年 （康熙五年）	●承天府孔廟（今臺南孔廟）落成。
1670	永曆二四年 （康熙九年）	●英國東印度公司與鄭經通商，藉以發展與中國及日本之貿易關係。
1674	永曆二八年 （康熙十三年）	●吳三桂等藩王反清，爆發「三藩之亂」。鄭經趁機攻占廈門又入泉州，並占漳州。
1678	永曆三二年 （康熙十七年）	●清廷重申遷界令，上起福州、下至詔安，鄭氏王朝的貿易活動受到嚴重打擊。
1680	永曆三四年 （康熙十九年）	●鄭經將廈門等地軍隊撤回臺灣。
1681	永曆三五年 （康熙二十年）	●鄭經卒，大臣馮錫範殺鄭克𡒉，由鄭克塽繼位。清廷封施琅為福建水師提督。
1683	永曆三七年 （康熙二十二年）	●施琅率兵攻澎湖、臺灣。鄭克塽投降，鄭氏王朝告終。

3

唐山過臺灣

十七世紀末期，臺灣正式納入清朝版圖，一波波的移民前仆後繼，跨海而來，時間持續兩百多年，成為臺灣歷史中最具標誌性的記憶。

中國是世界上人口最多的國家，尤其是十四世紀中葉到十九世紀中葉期間，人口增長快速，除十七世紀曾因改朝換代而引發動亂外，大抵保有了五百年的穩定盛世。由於生活安定，經濟繁榮，到了十六世紀，中國已成為世界第一個突破一億人口的國家。

不過，人口增加，對福建、廣東等山多田少的地區而言，完全不是好消息。耕地不足，造成莫大的人口壓力，這股壓力循著海路推動，便形成跨海移民的現象。據統計，在蒸汽動力的運輸工具發明之前，漢人自願移民人數高居全世界之首。

當時的海外移民，以福建、廣東兩地最多，而前往的地區主要也有兩處，一是南洋，另一則是新納入版圖的臺灣。

在清朝之前，漢人多往臺灣、南洋各地移民，即使在荷蘭人經營臺南的時候，臺灣仍不是漢人最主要的移民之地，但這種現象在臺灣納入清朝版圖後，便有了變化。顯然南洋對移民者來說，雖然充滿機會，但不如臺灣親近，也不如臺灣安全，畢竟納入清朝體制後，兩地即不再有文化差異的適應問題。

早期的臺灣移民，有不少屬於投資型商人、仕紳（也包括官員、鄉紳），他們知道土地開發需投入資金，又需取得政府種種許可，不是個別農戶可以勝任，所以他們先向政府申請了大片土地，再丈量分割，然後自大陸招募佃戶前來開墾成田，並以實物的形式收取地租甚至永佃權，分享種植所得利潤。這一方式免除了初期開墾者的許多困難，故吸引大量移民陸續來臺。

然而，以移民為主體的社會，也有必須面對的問題。例如趨利性格濃厚、男女比例失衡、穩定的家庭結構不易建立，以及原住民與漢人

的文化衝突等問題。這些問題的複雜難解，也勾勒出移民初期臺灣社會的各種特質。

十七世紀末期，臺灣納入清朝版圖，對於福建、廣東等山多田少的地區而言，物產豐富的臺灣，便成為吸引他們跨海移民而來的選擇之一。圖為《六十七兩采風圖卷》中描繪的臺灣農產。

移民的黃金時代

一六八三年，施琅率軍在澎湖大敗鄭氏王朝的軍隊，這對清朝來說，等於翦除了明朝最後一股反抗力量。至於臺灣是否馬上納入大清版圖，朝廷裡仍有不同看法。

當時朝內大臣曾有一場「臺灣棄留」辯論。鑑於臺灣懸居海洋當中，易攻難守，不少朝臣認為可以棄之，甚至康熙皇帝也一度贊成此說。但後來施琅從國防觀點反駁，力陳臺灣為「東南門戶」，海防戰略地位無可取代，終於打動康熙，決定將臺灣納入版圖。

雖然如此，清廷卻又顧慮臺灣成為海盜及反清人士的聚集地，所以先是企圖施行回遷漢人的政策。然為生產米糧，仍准許人民就地拓墾或申請來臺，只是這種開放並非是無限制的，在基於治安的考量下，官方對於移民數量及方式都有嚴格的限制。

清朝將台灣納入版圖後，因擔心臺灣成為反清基地，不欲臺人當兵，遂由福建、廣東（唯南澳營）、江西（唯楓嶺營）各營，抽調兵丁駐臺，三年一換，是為「班兵」。班兵的資格定為「有身家」，亦即有家室、不動產之人。但冒名頂替、換名、換籍而派往者甚多，不少班兵來臺後在營外商販謀生，甚至包庇娼賭，私設「公廳」，魚肉鄉民，亦時有所聞。本圖為清末黑旗軍，可藉此一窺清代班兵的大致模樣（國立臺灣歷史博物館藏品）。

清代紅頭船模型（國立臺灣歷史博物館藏品）。紅頭船是清代往來臺灣海峽的主要船隻，其動力主要依靠風帆的操作。根據清政府規定，船隻自船頭起至樑頭止，必須漆上各省指定的顏色，船頭兩側刊刻某省某州縣、某字某號字樣。廣東船用紅油漆飾青色鉤字，故稱為「紅頭船」。福建省船隻用綠油漆飾紅色鉤字，則稱為綠頭船；紅頭船在清代也是重要的臺海橫渡大船。至於臺灣北部泛稱的紅頭船，與此不同，俗稱紅頭仔，其吃水淺，航行於渡頭與河港埠間。

施琅像。施琅原為鄭成功部將，後降清。一六八三年，率清廷水師於澎湖海戰中大敗鄭氏軍隊，此一關鍵戰役迫使鄭氏王朝投降，清朝永此剪除了明朝最後一股反抗勢力。然而臺灣是否要納入大清版圖，卻在朝廷內興起一場「臺灣棄留」辯論，施琅遂上《臺灣棄留疏》，力陳臺灣為「東南門戶」，從國防觀點上強調臺灣的海防戰略地位，終於打動康熙，決定在臺駐兵。

嚴禁勒索以肅口務示告碑。移民往來兩岸，即使已依法事先請准，仍難免在港口為不肖官員藉故勒索銀物，引起紛爭。今高雄旗津天后宮前，有一座清代「嚴禁勒索以肅口務示告碑」。其內文提及，當時駐防旗後的官員常藉機索賄，引起通關民眾不滿，當時負責海防的官員，接受了民眾的陳情，發給告示並刻置石碑嚴令駐防官方不得趁機刁難。

　　當時臺灣地廣人稀，未經開墾的肥沃土地很多，對移民的吸引力甚大。儘管政府定下種種禁令，實際上則頗多通融巧門，如駐守臺灣的「班兵」，有部分來自福建漳州、泉州定期輪調的軍隊，官民很容易透過血緣與同鄉關係，方便移民私渡。移民並冒著「六死、三生、一回頭」的風險，一波一波前來，難以停歇。

　　據統計，臺灣漢人人口在清初時僅十萬左右，但至十八世紀晚期，百餘年間已暴增近兩百萬人左右。如此快速的成長，比同期歐洲人向美國移民的數量絲毫不遜色，這一波瀾壯闊的遷徙運動，真可謂臺灣開發的黃金時期。

清末碼頭樣貌圖（國立臺灣歷史博物館藏品）。清代臺灣與中國的貿易，處於區域分工的型態，臺灣相對於中國的沿海地區，是比較後進的開發區域，手工業尚不發達，無法跟內地比肩。故臺灣致力於生產或開採農產品和生產原料，像是米、糖、藍靛、油、樟腦、苧麻、海產、茶葉等，然後透過船舶的運送，自中國換回布匹、絲綢、陶瓷、建材、紙、藥材、農具、酒等民生或奢侈用品。透過這種分工的模式，兩者各取所需，各獲其利。

交織的族群關係

移民所帶來的人口增加，擴大了臺灣社會的規模，人與人之間的關係也越來越緊密、複雜，而各種資源與利益的分配，外來移民與本地原住民，以及不同籍貫之移民群體所產生的矛盾也越來越難協調。各種衝突對抗雖然各有原因，但顯現在移民社會裡，其核心都圍繞著土地問題。

當時入臺的移民，大多是農業移民，其生計直接關連到土地問題。自十八世紀以來，漢人拓墾的腳步全面擴及西部平原，大部分土地皆

《六十七兩采風圖卷》：耕種。清代流傳多幅描繪臺灣原住民生活風俗的番俗圖與職貢圖。此圖是乾隆年間巡臺御史六十七命人繪製的采風圖，主題是描繪臺南一帶平埔原住民受漢人影響，從事水田耕種的情景。

我們若將清代這種番俗圖總括來看，會發現主題大致雷同，畫面亦大同小異，表現的主角多是被稱為「熟番」的平埔原住民，對「熟番」的形象常是一種刻板印象的描繪，傳達出一種與世無爭「無懷、葛天之民」的形象。圖片裡「熟番」常梳成雙髻，像是孩童般的形象，傳達其純真幼稚，需要漢人文明教化的形象。

被「水田化」。面對漢人的拓墾，居住當地的「平埔族群」已難再維持原來的生活方式，往來頻繁後，逐漸融入漢人社會與文化似乎也成為無法避免的趨勢。

雖然如此，社會現況也不可一概而論。有些原住民「番頭家」田地廣闊，佃戶眾多，每年收租達數千石，完全不屬弱勢族群。例如清代中部有名的岸裡社潘家，即是代表性的人物。這種社會階級的多元傾

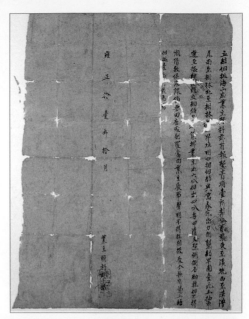

雍正十年海山庄業主賴科所立佃批（國立臺灣歷史博物館藏品）。康熙四十八（1709）年，活躍北臺灣的通事賴科與人合夥成立「陳賴章」墾號，向官方申請開墾臺北盆地，這是目前所知最早向官府申請開墾北臺的告示。幾年後，他再與人合作成立「陳和議」號，拓墾海山庄（今臺北新莊一帶）、內北投（今臺北市北投區一帶）等地。這張契字載明賴科在海山庄的墾地，如何招來漢佃開墾，以及收取田租。不過漢人開墾北臺土地，並非始自賴科等人，至少在十七世紀中葉北臺灣已有漢人耕墾，並形成聚落。

向，也是臺灣移民社會的一大特色。

　　在所有衝突糾紛中，最讓人感到痛苦，又最難排解的，就是械鬥。十八世紀的臺灣社會，移民間常因土地問題引起糾紛，且個別紛爭又常糾集各隸屬之族群支援，演變成傷亡慘重的動亂。移民間的械鬥或許有各種模式與原因，但其中尤需注意的，則是大規模的械鬥所反映的矛盾有時並不在糾紛本身，而更在於地主、豪強間的土地兼併與資

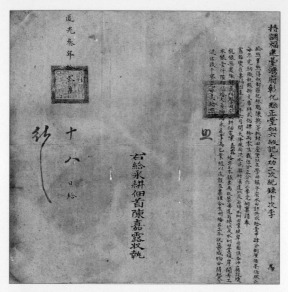

此圖為清代官府抄封匪犯的公文書（國立臺灣歷史博物館藏品）。清代臺灣匪亂械鬥不少，官府平定亂事後，會將起事者的田產抄封充公，稱為抄封田。官府設立佃首，徵收的田租，稱為抄封租。這張契字是官府發給鎮平庄（今彰化和美一帶）佃首陳嘉露的永耕執照。契字中提及鎮平庄的抄封田是沒收自林聰、陳興等人的田產而來。陳興是彰化縣鎮平庄人，林爽文之亂時投靠其部，後遭逮捕斬首，所有田產悉遭抄封。陳嘉露所耕墾的水田便是來自陳興等人遭官府抄沒的田地。清代的抄封田多由官府出贌給漢佃耕種，收取田租，或是官府設立佃首，助官徵收租稅。這些佃首多為地方豪紳擔任。

源重新分配的問題。此因大型械鬥往往由地方仕紳、地主、商人來領導，當時人說：「豪強之家，爪牙常數百輩，橫行鄉曲，莫敢誰何。」所以械鬥動亂常是「富者出錢，貧者出力」，其最終要維護的常是出錢者的土地利益。

　　閩、粵械鬥雖然頻繁，不過械鬥也不能一概以閩粵對立看待。來自粵東的潮州人有時也與閩南漳州人聯合，清代在臺官員就說「潮雖粵，而亦黨漳」。因為潮州語言與漳州的閩南話接近，故廣東人稱潮州人

「奉憲分府曾批斷東勢田南勢園歸番管業界」碑。清代以前，今臺北石牌地區原為凱達格蘭族的居住範圍，在雍正、乾隆年間，漢人陸續來此地開墾，雙方時常發生爭端，淡水廳同知曾曰瑛為避免爭端一再發生，於清乾隆十至十三年間（1745-1748），確定雙方界限，立下此石碑於交界處，即為現石牌地名的由來，今保存於臺北捷運石牌站。

為「福佬」（福建佬）。因此，清代的族群關係中，也不能忽略了潮州人的角色。

　　在不同地域，也不乏因共同利益，二籍人士合力開墾之例。如早期臺中清水地區，即由閩、粵共墾共處。又如新竹東南山區一帶的「金廣福墾號」，也由閩、粵二籍合資經營。與械鬥事件對比，這些例子告訴我們，無謂的紛爭徒然消耗資源，合作互利才能創造更多發展的空間，這是我們不可忘卻的教訓。

清代岸裡社總土官潘敦仔畫像（國立臺灣博物館藏品）。清代臺灣中部的岸裡社，因屢次協助官方平亂，遂崛起為中部勢力最大的原住民社群。這張圖是岸裡社第三任總土官潘敦仔的畫像。敦仔家族自祖父阿穆起便擔任岸裡社頭目之職，其後潘家一直是當地社會的重要家族與地方菁英。敦仔曾助清軍平定大甲西社亂事，受到朝廷的封賞。此圖基本上符合中國傳統祖先畫，端坐的敦仔身著清朝武官虎補服。這樣的仕宦形象，是漢人社會中祖先形象的理想呈現，早已融入漢人文化的潘家人，自然也是如此描繪其祖先。

4

地域社會與多元發展

對臺灣來說，十八世紀是一個「大遷徙的時代」，也是一個「移民的黃金時代」。在這一百年中，隨著新移民的不斷遷入，臺灣人口從十幾萬人，激增至近兩百萬人。

人口的激增，迅速帶動土地的開拓與水利設施的興建，也促進了村落市鎮的發展。臺灣西部原本充滿自然野趣的平原，竟在這一百年中，幾乎全面「水田化」了。

到了十九世紀，臺灣的人口數繼續從兩百萬增加到二百五十萬。但同樣是一百年的時間，人口的增加卻只有前一個世紀的一半。顯然，移民運動的高潮已過，人口的增長方式重新回到家庭的自然生育。

移民數量的減緩有兩個意義：一是本地的土地開發趨於飽和，已不需大量輸入勞動力；二是社會環境漸趨穩定，移民經過幾代傳承後，慢慢積澱出在地的文化形式。這個階段的臺灣，是一個體質轉變的時期，也是移民社會「定著化」的關鍵時期。

在大遷徙的年代，移入的人口以從事農耕生產的成年男性為主，加上法令限制眷屬來臺，所以造成嚴重的男女比例失衡問題。所謂「有唐山公，無唐山媽」的說法，便是這樣來的。而單身的「羅漢腳」充斥街市，若又無安定的工作，很容易成為治安或暴亂的根源。當時人稱「饑來飽去，行兇竊盜」，便是對這種社會現象的憂慮。

經過移民墾拓的高峰期後，「羅漢腳」的比例下降，社會結構開始穩定而綿密的伸展，文化的在地認同也慢慢成形。例如十八世紀初的朱一貴事件，與事者多記錄為內地某縣某鄉人，但至十八世紀晚期的林爽文事件，與事者則多稱自己為臺灣某地人。

此外，維繫人心信仰的廟宇，以及祭祀活動等，也於十九世紀在各地發展茁壯。擁有科舉、軍功的士人，及在墾殖、商販諸領域經營有成的紳商，共同組成領導社會的穩定結構。加以各地風土差異、族群

臺灣在十八世紀邁入大量移民的時代，在短短的一百年左右，臺灣的人口從十幾萬人，激增至兩百萬人。人口激增，促使土地的開拓加速，臺灣西部原本是充滿野趣的平原，也在這一百年中，幾乎全部「水田化」了。

不同，又發展出不同的產業型態，以及民俗信仰，形成現今各地域的特殊風貌，這些都可說是文化的在地性所積澱出來的豐碩成果。

信仰

宗教信仰，是離鄉背井的移民，面對茫茫不可知的未來時，心田裡尋求安寧的主要寄託，也是將各地移民聯繫在一起的重要精神力量。

移民初抵臺灣，事業尚在草創，故鄉廟宇的神明僅能暫存於家中，等到事業有成之後，移民便聚集酬神，感謝護佑，並共同捐輸為神明興建廟宇。十八世紀時，臺灣各地的建醮廟會已是熱鬧的盛事。所謂

北港朝天宮媽祖神轎（國立臺灣歷史博物館藏品）。神轎依造型可分為文轎、武轎、輦轎、四輪、手轎等類型。其中鑾轎為帝、后級神明專用。輦原指天子之車，故稱輦轎，后級女神（如媽祖）則使用「鳳輦」。從北港朝天宮的媽祖神轎裝飾，可見其鳳輦的華麗，除象徵媽祖在臺灣尊貴的身分，亦反映出民間對於媽祖信仰的重視。

草嶺古道上的土地公廟。在所有民間信仰中，土地公是民眾最感親近的神祇，故俗諺有「田頭田尾土地公」的説法。土地公的正式稱呼是福德正神，民間亦稱為土地公伯仔、福德爺、伯公、大伯爺、后土，或簡稱土地。土地公的位階不高，廟宇形式也很簡單，往往安置於田邊，或道路旁，但卻是最多人的精神寄託。

二十世紀初的七爺八爺樣貌（國立臺灣歷史博物館藏品）。在藝陣隊伍中，八家將是不可或缺的角色。所謂八家，指的是甘、柳、謝、范四大將軍與春、夏、秋、冬（何、張、徐、曹）四大帝君。其中最受矚目的是七爺、八爺。七爺是謝將軍，即民間俗稱的白無常，戴長帽，臉畫白底黑蝙蝠，吐長舌；八爺是范將軍，即黑無常，頭戴圓帽，黑臉白睛。兩位將軍一高一矮、一黑一白，恰成明顯對比，也為熱鬧的祭典增添些許神祕的氣氛。

「絃歌喧填，燭光如晝，陳設相耀，演劇殆無虛夕」，其景況與今日相當類似。

雖然不同原籍的移民各自奉祀不同的神祇，但也有跨族群、跨地域的神明為所有人所共仰，其中，媽祖就是最典型的例子。奉祀媽祖的廟宇有媽祖廟、天后宮、天妃廟等不同名稱。這些廟宇遍布全臺，不但伴隨開墾的腳步至大城市中受到供奉，即使在山村小鎮，也不難見其蹤跡。

媽祖原為海上的守護神，但隨移民環境的變化，其神靈的功能意義

不斷擴大，最後則連農業、採礦、佑生等各方面都向媽祖祝禱。

　　晚清官方至東部開發時，更率先建立天后宮，以求穩定社會人心。而每年的媽祖重要慶典，從大型的祭祀活動，到巡境儀式、陣頭操演、信眾參拜等，涵蓋地域甚廣，故每次都要進行跨地域的大規模動員。這種經常性的協調、組織、籌劃，無形中建立了多種關係網絡，並發揮了消弭族群隔閡，以及串連各地族群的社會功能。

海

　　金黃色的烏魚子，從十五世紀開始，就是國際間的高價貨物。為追尋海洋中的烏魚，各地漁民每於入秋魚汛期，聚集臺灣西南海域，捕捉洄游產卵的烏魚，並上岸晒乾，加工製成烏魚子。

　　從季節性的捕魚加工，歷經一兩百年的發展，便開始有漁民前來定居。雖然烏魚的經濟價值極高，但當時漁撈工具只能捕捉淺海魚類，作業又常受氣候限制，所以漁民生計仍半賴耕作，或提供勞務以「度小月」。

　　除捕撈外，漁民也在潮水漲落的潮間帶，即一般俗稱為「海埔」、「海坪」之地，圍砌人工礁石供魚貝類棲息，再於退潮後前往拾取漁獲。例如澎湖居民便用當地石材，合力建造大型「石滬」，所得漁獲則依當地習俗分配，並因此發展出特殊的祭祀模式。

　　臺灣西南沿海，因土地鹽分過高，風力強且淡水不足，十分不利農墾，居民便在潟湖、溼地、出海口等地區修築漁塭，經營養殖漁業。現今大家熟悉的虱目魚養殖，其實在十七世紀時已十分普遍。當時沿海居民又能以竹竿插枝的方式飼養蚵仔，不過這種技法現今已看不到。

　　另外，官方也利用南部充沛的日晒，在沿海大力開闢鹽田，而環繞

著鹽田的鹽工聚落，則為鹽分地帶增添一份種特殊的風情。

　　沿海居民克服環境限制，創造出一種特別的半漁半農生活型態。而較有規模、純以「討海」為業的漁民，則尚要至日後動力漁船及尼龍漁網誕生後方才大規模出現。

平原：米與糖

　　對於農業移民來說，臺灣西部平原地區是開墾的首選。原本「荒土未闢，草深五六尺，一望千里」的自然景貌，在引入華南精耕細作的農業方式後，短短幾十年，已成水田旱園廣布之地。

十七世紀時，糖已是臺灣重要的出口商品。為了提煉糖製品，農民獨資或合股興建糖廍，雇用工人，生產各式糖品。聳立在平原間的糖廍，外型宛如一座座的小山，形成當時臺灣的特殊農業景觀。

十九世紀後期，打狗（今高雄）砂糖倉庫中的繁忙景象（國立臺灣歷史博物館藏品）。臺灣的蔗園主要分布在南部，故南部的港口也以糖為主要的貨物。這張描繪打狗砂糖倉庫的圖像中，可以看到堆積如山的糖包，正由赤裸著黝黑上身的苦力們，一包包地挑運堆積。兩位苦力手持木棍，攪拌著糖包內的糖品，另一旁，一批工人正忙著用繩索捆綁糖包。在眾多的工人中，兩個戴著帽子的洋人，監督工作，應該是購買這批貨物的商人。

　　開墾初期水利尚未發達，農民在引水不便的地區種植甘蔗，生產蔗糖。十七世紀時，糖已是臺灣重要的出口商品。為了提煉糖製品，農民獨資或合股興建糖廍，雇用工人，生產各式糖品。聳立在平原間的糖廍，就是一座座的小型工場，其內工人在高熱下揮汗如雨，廍外載運的牛車頻繁往來，成為當時臺灣農村的特殊景觀。

　　至於土地方便灌溉的地區，農民則以種植稻米為主。不過，平原地區雖然雨水充沛，可惜雨季分布不均，溪河又常氾濫改道，難以穩定運用，故農民必須合力興建水陂、水圳，以利儲水、引水。在十八世

採樟削樟木一景（國立臺灣歷史博物館藏品）。樟樹除了是高級建材和造船的重要木料外，由其提煉出來的樟腦、樟腦油等，更是珍貴的藥材。但是官方實施漢原隔離政策，禁止漢人進入原住民地域墾伐，然而漢人為了要入山，一面以布、酒、鐵器、火藥等物品與原住民進行邊境貿易外，一面也誘使原住民以防務繁忙，無力耕作為理由，招攬漢人入山勞作，以此蒙混，墾伐樟腦。

紀中葉，大型水圳如彰化平原的八堡圳、臺北的瑠公圳等皆陸續建立，大大改良了土地的品質，又配合農具及農耕技術的改良，使生產力大為提昇，造就了臺灣第一次的綠色革命。

　水是農業的命脈，興建大型水圳牽涉廣泛，所費不貲，在官方不積極介入的年代，地主、官紳等有力人士，不單單要籌募資金，且要負責協調，取得地權，規劃水圳走向等事宜。這些公共事務的運作，一方面刺激出民間新的社會連結，以及組織動員能力，另一方面，也大大擴張了地主、官紳的地方影響力。

丘陵：樟腦、客家人

以丘陵地形為主的臺灣中北部地區，雖不適合大規模的農業種植，但因蘊藏豐盛的木材資源，尤其富含世界其他地區少有的樟樹，十分具經濟價值，因此吸引不少移民進山拓墾。

樟樹除了是高級建材和造船的重要木料外，由其提煉出來的樟腦、樟腦油等，不但是防蟲劑、藥材，亦是無煙火藥、賽璐珞的原料。不過要取得樟腦，不但受到地理條件或砍伐技術的限制，更有一連串的政治與族群問題要解決。

原來清代為防範漢人侵入原住民生活領域，或犯人逃匿山中，官方

晚清亭仔腳下的選茶女（國立臺灣歷史博物館藏品）。茶、糖、樟腦，是晚清臺灣出口的三大貨物。茶葉貿易帶動了臺北山區的開發，而洋商的匯集，也造就了大稻埕的興起。由於茶葉的採摘、挑選，都需大量人力，臺北茶商因此從廈門等地，引進大量的女工。圖為穿著白衣深色裙、梳著整齊包頭的女工，正在簷下挑茶。她們收入頗有一定的水準，精於裝扮，成群結隊穿越市鎮，成為晚清臺灣港市中，最特別、也最受矚目的風景。

實施了漢原隔離的政策，禁止漢人進入原住民地域。其漢原分界即是所謂的「土牛紅線」。紅線指地圖上用紅筆畫出的界線，土牛則指地表上築土或挖溝為界的土堆和「土牛溝」。能進入界線者，除政府特許入山取木的軍工匠人外，就只有擔任內山防務的平埔族了。漢人為了要入山，一方面以布、酒、鐵器、火藥等物品與原住民進行邊境貿易，一方面也誘使原住民以防務繁忙，無力耕作為理由，招攬漢人入山勞作，以此蒙混，砍伐樟樹，熬製樟腦。

此外，善長於丘陵地區開墾的客家移民，也在官方的許可下，藉守衛番界的名義，以武裝隘墾的形式，跨越界線，進行大規模且集團性的拓殖開發。這使得客家族群的生活空間與這片丘陵地區結合得更緊密，也使沿山地帶興起許多新市鎮，讓臺灣的市鎮行列，從平原逐步邁向丘陵、山區。

清代的中國銅錢與西洋銀元（國立臺灣歷史博物館藏品）。清代臺灣使用的貨幣，除官方發行的銅錢外，也使用海外流入的銀元、銀兩等，其中以銅錢和銀元最為重要。銅錢的面額較小，主要用於小額交易。來自外國的銀元，價值較高，使用在大宗貿易上。由於銀元種類繁雜，兌換的價值因地因時而變，必須是擁有相當貨幣經驗者方可靈活運用。在那個國家貨幣不甚強勢的年代，交易反要仰賴外國貨幣，這或許是現代讀者很難想像的吧！

到了晚清時代，由於世界市場擴大對樟腦的需求，採樟範圍日益深入內山，雖有部分原住民因此致富，但濫伐與大量外人的入侵，卻對原住民傳統生活領域造成激烈的壓縮。地形曲折的丘陵山區，因此成為族群緊繃，糾紛頻傳的是非之地。

城鎮：商業

商業，是臺灣經濟發展的火車頭，透過貿易交換、互通有無的帶動，將臺灣的生產與世界的消費連結在一起。而兩者的交會點，便在臺灣的港市城鎮中。

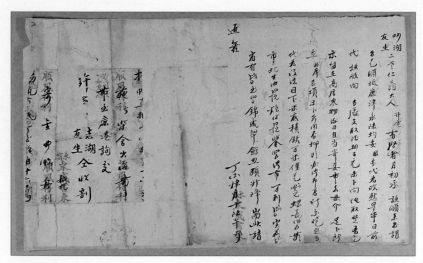

十九世紀末鹿港商人許志湖文書（國立臺灣歷史博物館藏品）。現今留存的郊商文書，以鹿港許志湖文書為最著名之一，其內容涉及臺灣鹿港與泉州永寧間帆船配運的貿易概況，除了問候書信外，大多是有關商品採辦和發兌的「出貨單」、「貨批」及商品價格等紀錄。當時書信的收摺頗為講究，封面與內容有時會寫於同一紙面上，再以特殊的摺法摺成內容不外露的彌封狀，最後再以泥印固定，以此作為書信收發雙方鑑證的依憑。

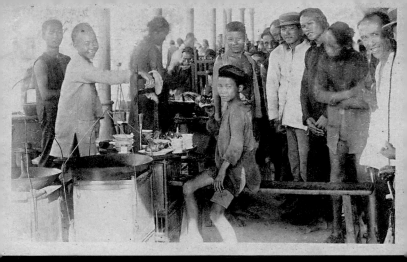

路邊小吃攤販一景。港市之中，碼頭工人、挑夫、轎夫、路邊小吃、流動商販皆在此往來穿梭，交織成熱鬧繁華的臺灣商貿風景。

十九世紀末大稻埕洋行內的品茶景況（國立臺灣歷史博物館藏品）。一八六〇年，臺灣開放四個通商港口，其後，外資所設之洋行，便如雨後春筍般的現身於島內。在眾多的洋行中，尤以臺北大稻埕負責茶葉出口業務的洋行最具代表性。晚清時劉銘傳曾在大稻埕規劃洋行商區，建斯式建築，為洋商提供一舒適的活動環境。圖中穿著全套西服的洋行商人，正和一旁的漢人茶師，品評桌上一杯杯的茶水，以此區分各種茶葉的等級與價格。

相對於明清東南沿海的開發狀態，臺灣則屬較後進的開發地區，尤其手工業產品多賴內地供應。但臺灣的環境條件卻極適合向已開發地區提供農產品、農產加工品及手工業原料。當時鄉間所生產的農產品，除由商人至產地收購外，也有以未來幾年之收成為交易目標的「買青」、「賣青」制度。

隨著十八世紀臺灣西部地區逐步開發完成，兩岸商貿形成了「區域分工」的互補狀態，米、糖、油、藍靛、姜黃、水果等較重的商品從臺灣出口，而從大陸進口的民生物資如棉布、絲綢、陶瓷、雨傘、金紙、火腿、藥材等。有時為避免船隻過輕，遭風浪打翻，進口船隻還常在船艙內放置「壓艙石」以增加重量。這種模式直到日本統治時代，方被政治力量所切斷。

進口的貨物通常由大陸沿海各港口直航至府城、鹿港、艋舺、烏石港等臺灣港市，抵達後，先由郊行統籌，然後逐層交付大、中批發商、零售商、挑販，最後流通至消費者手中。如清中末葉的府城臺南，貨物抵達西門城外的五條港後，沿著城內的大街漸次流通下去。一條大

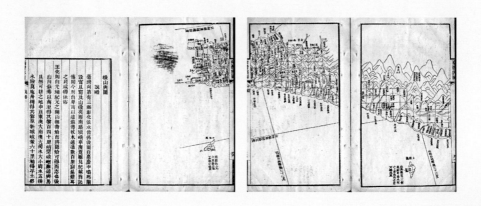

如果

如果出版 讀者服務卡

謝謝您購買本書。

為了給您更好的服務,敬請費心詳填本卡。填好後直接投郵(免貼郵票),您就成為如果的貴賓讀者,優先享受我們提供的優惠禮遇。

您此次購買的書名＿＿＿＿＿＿＿＿＿＿＿＿＿

姓名:＿＿＿＿＿＿＿＿＿　□先生　民國＿＿＿年生
　　　　　　　　　　　　□小姐　□單身　□已婚

郵件地址: □□□ ＿＿＿＿＿＿　縣
　　　　　　　　　　　　　　市　＿＿＿＿＿＿市區

＿＿＿＿＿＿＿＿＿＿＿＿＿＿＿＿＿＿＿＿＿＿＿

■您的E-mail address:＿＿＿＿＿＿＿＿＿＿＿＿

■您的教育程度?□碩士及以上　□大專　□高中職　□國中及以下

■您從何處知道本書?
□逛書店　　　　□報章雜誌　　　□媒體廣告　　　□電視廣播
□網路資訊　　　□親友介紹　　　□演講活動　　　□其他＿＿＿

■您希望知道哪些書最新的出版消息?
□百科全書、工具書　□文學、藝術　　□歷史、傳記　　□宗教哲學
□自然科學　　　　　□社會科學　　　□生活品味　　　□旅遊休閒
□民俗采風　　　　　□其他＿＿＿＿＿＿＿＿＿＿＿＿＿＿＿＿＿

■您是否買過如果其他的圖書出版品?□有　□沒有

■您對本書的評價(請填代號,1.非常好 2.滿意 3.尚可 4.有待改進)
內容＿＿＿＿＿文筆＿＿＿＿＿封面設計＿＿＿＿＿版面編排＿＿＿＿
其他建議:

■您希望本書系未來出版哪一主題的書?

讀者服務信箱　E-mail andbooks@andbooks.com.tw

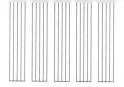

如果出版社

收

１０５

台北市復興北路 333 號 11 樓之 4

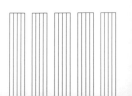

街，並存著盤商的「武市」，以及小零售商的「文市」及「販仔」等，呈現細膩的分工。

港市之中，常有各種郊商、洋行，碼頭工人各占地盤，牛車、挑夫、轎夫競求周到，加以路邊小吃、流動商販、手藝匠人、羈旅行路等往來穿梭，交織成一幅繁華熱鬧的臺灣商貿風景。

後山

「後山」或「山後」這兩個名詞，出現的時間很早，使用也很頻繁，但論其確切所指，有時又十分模糊，常讓人摸不著邊際。

在漢人開墾初期，山後或後山並無確實的指謂，或許指某座大山之後，也可以是村裡附近某座小山的後方。但當西部平原漸次開發後，大家發覺，無論從何處向東望去，眼前全為一線高聳山脈所遮，很自然的，人們便稱此端為前山，而那高聳的山後，即為「後山」。

後山的範圍，廣義來說可包括現今宜蘭、花蓮、臺東、甚至屏東的

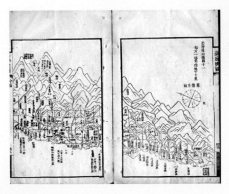

臺灣的東部，或稱為「後山」，原本並不在清朝政府的管轄範圍內。一八一○年，清廷雖將噶瑪蘭收入版圖，但是蘇澳以南的東部地區，仍屬「化外之地」，不受官方統轄。牡丹社事件之後，清廷積極派遣軍隊，布署後山，同時修建北中南三段道路，鼓勵漢人到東部拓墾，並於一八七五年在東部首設官方行政單位——卑南廳，諸種措施多管齊下後，終於讓清朝的官方力量同時及於前後山。圖為「後山總圖」，收錄於清光緒年間完成的《臺灣輿圖並說》，是清代描繪臺灣東部地區最主要的地圖（國立臺灣歷史博物館藏品）。

一部分；狹義而言，則指「南起恆春八瑤灣、北至蘇澳六百餘里」之處。但不論狹義廣義，當時人的感受，山的另一端即是「化外之地」，屬於另一個世界，也不是官方所能掌握的世界。

因此，由法國耶穌會教士馮秉正（Joseph Marie de Mailla）等人，於一七一四年測繪的臺灣地圖，便出現僅有西半部的奇異情況。即便到了一七三〇年，一幅透過實地勘查所繪製的「臺灣後山圖」，卻還註明著「有內山番，往來宜避」。一個島嶼上，宛若存在著兩個不同的世界。

但先是漢人移民在吳沙的帶領下，於一七九六年入墾原屬平埔族噶瑪蘭人的宜蘭，此後入墾的漢人越來越多，在漢人的人數優勢下，短短十餘年間，蘭陽溪以北均已闢為農田，溪南亦逐步為漢人所控制。到了一八一〇年，官方為防止海盜，兼及收稅之利，正式將噶瑪蘭收入版圖，也使這片土地成為後山開墾的橋頭堡。

一八六〇年，因英法聯軍之故，臺灣開放南北口岸，外國勢力隨之進入。這一開放雖然促進了臺灣茶、糖、樟腦的國際貿易，但因外國人常與原住民發生糾葛，又質疑臺灣後山非大清版圖，遂有一八七四年的牡丹社事件，日本以此為主張，出兵臺灣，讓清廷大為震驚。

事後，清廷一改之前漢原隔離的態度，積極派遣軍隊，布署後山，同時修建北中南三段道路，鼓勵漢人到東部拓墾，並於一八七五年在東部首設官方行政單位——卑南廳。諸種措施多管齊下後，終於讓清朝的官方力量同時及於前山及後山了。

清代臺灣大事記

1684	康熙二三年	●清帝國在臺灣設置一府（臺灣府）三縣（臺灣縣、鳳山縣、諸羅縣），隸屬福建省。
1685	康熙二四年	●臺灣府儒學設於臺南孔廟。蔣毓英修《臺灣府志》，為臺灣最早的地方志。明末遺老沈光文與諸羅知縣季麒光組「東吟社」，為臺灣最早的詩社。
1687	康熙二六年	●正式舉辦科舉考試。
1695	康熙三四年	●臺廈道高拱乾修《臺灣府誌》。
1697	康熙三六年	●郁永河赴北部採硫磺，寫成《裨海紀遊》一書。
1699	康熙三八年	●吞霄（通霄）社反抗通事。北投社番亂。
1704	康熙四三年	●臺灣第一所正式書院「崇文書院」成立。諸羅縣築木柵為城。
1709	康熙四八年	●陳天章等人設立「陳賴章」墾號，開墾大佳臘地區，為大規模開發臺北地區之始。
1712	康熙五一年	●臺灣知府周元文修《重修臺灣府誌》。
1714	康熙五三年	●耶穌會教士馮秉正等人來到臺灣測繪地形，完成皇輿全覽圖的臺灣部分。
1717	康熙五六年	●澎湖築城。
1719	康熙五八年	●彰化地區大租戶施世榜興築八堡圳，開拓東螺堡。
1720	康熙五九年	●臺灣府城內建海東書院，為清代臺灣規模最大之書院。
1721	康熙六十年	●「朱一貴事件」爆發。臺灣知府王珍及其子勒索鄉里，招致民怨，朱一貴以明朝後裔為號召，攻破臺灣府城。清廷派南澳鎮總兵藍廷珍、水師提督施世驃來臺平亂。亂後設立巡臺御史，滿、漢各一。
1722	康熙六一年	●臺灣首度劃定「番界」。鳳山縣築土城。

1723	雍正元年	●臺灣增設彰化縣、淡水廳。臺灣府築木城。
1723	雍正元年	●張達京被任命為岸裡社總通事。
1725	雍正三年	●臺灣水師戰船改在臺設廠製造，所需木料（主要為樟木）則在近山地區設軍工匠寮採取。
1727	雍正五年	●改臺廈道為臺灣道。撤澎湖巡檢，改設澎湖廳。
1728	雍正六年	●諸羅縣湯完、陳斌成立「父母會」，為籌辦會員父母後事的互助會，為臺灣第一個會黨。
1731	雍正九年	●大甲溪以北錢穀、刑名劃歸淡水捕盜同知管理。臺灣縣丞改駐羅漢門。佳里興巡檢由笨港移駐鹽水港。下淡水縣丞由赤山移駐大崑麓。新設笨港縣丞、萬丹縣丞、鹿仔港巡檢、貓霧揀巡檢、竹塹巡檢、八里坌巡檢。
1731	雍正九年	●爆發大甲西社番亂，中部地區熟番番社紛紛響應。
1732	雍正十年	●爆發吳福生事件，吳福生趁大甲西社事件清廷無暇他顧，以「大明得勝」為號召在鳳山起事。
1733	雍正十一年	●臺灣綠營擴編，新設「城守營」，「北路營」參將改為副將，下轄中、左、右三營；「南路營」下新增「下淡水營」。岸裡社總通事張達京築貓霧揀圳，與岸裡社「割地換水」，共同開發臺中盆地。
1735	雍正十三年	●爆發柳樹湳、登臺庄生番殺人事件。
1739	乾隆四年	●艋舺龍山寺落成，主祀觀世音。
1740	乾隆五年	●清廷賜岸裡社原住民「潘」姓。臺北業戶郭錫瑠開始興築「瑠公圳」，引新店溪水灌溉臺北盆地，前後花費二十餘年方成。
1741	乾隆六年	●臺灣知府劉良璧修《重修福建臺灣府誌》。
1746	乾隆十一年	●巡臺御史范咸等修《重修臺灣府誌》。
1751	乾隆十六年	●設立水沙連、拳頭母官庄。

1755	乾隆二十年	●林秀俊（墾號為林成祖）興築大安圳，引大漢溪水灌溉土城、板橋一帶。
1760	乾隆二五年	●閩浙總督楊廷璋 清楚劃分番界，繪製「臺灣民番界址圖」；臺灣道楊景素在彰化、淡水番界址上修築土牛及土牛溝。臺灣知府余文儀修《續修臺灣府志》。
1761	乾隆二六年	●潘敦仔擔任岸裡社總通事。
1766	乾隆三一年	●新設南、北路理番同知，南路由原臺灣海防同知兼任，北路衙署設彰化，南路衙署設臺灣府城。
1767	乾隆三二年	●臺灣道改為臺灣兵備道。
1768	乾隆三三年	●黃教事件，黃教本為一盜匪，遭官捉拿，便攻打營汛，搶劫槍械，又因其為閩人而仇粵，而攻打粵庄，於隔年被擒。
1769	乾隆三四年	●阿里山總通事吳鳳，被山美社勇士所殺。
1782	乾隆四七年	●彰化刺桐腳爆發漳泉械鬥，延續三月餘，後由福建水師提督來臺平亂，二百餘人正法，三百餘人遭流放。
1784	乾隆四九年	●鹿港開港，與福建蚶江對渡。
1786	乾隆五一年	●爆發「林爽文事件」，為清代臺灣最大規模之民變，天地會林爽文在臺中大里起事，莊大田隨後在南路響應，臺灣陷入動亂年餘，清廷最後派福康安來臺才平定亂事。 ●鹿港龍山寺落成。
1791	乾隆五六年	●清廷於臺灣實行「屯番」制度。
1792	乾隆五七年	●臺灣八里坌（淡水河口）與福建五虎門（閩江口）通航。
1795	乾隆六十年	●陳光愛、陳周全事件爆發，以天地會成員為主，反清復明為號召，先在鳳山起事失敗，轉攻鹿港、彰化城，理番同知、彰化知縣皆被害，後被地方義勇所擒。
1796	嘉慶元年	●吳沙進入蛤仔難（宜蘭）開墾。 ●臺灣第一座育嬰堂設於嘉義城隍廟。

1800	嘉慶五年	●海盜蔡牽攻鹿耳門。海盜黃勝長攻八里坌。
1804	嘉慶九年	●潘賢文率領彰化平埔族人,遷至蛤仔難(宜蘭)。
1805	嘉慶十年	●臺北大龍峒保安宮落成,主祀保生大帝。
1806	嘉慶十一年	●淡水發生漳泉械鬥。
1808	嘉慶十三年	●海盜朱濆率眾逃至臺灣,在雞籠被王得祿追擊,又逃至蘇澳,後與金門總兵海戰時身亡。
1809	嘉慶十四年	●福建水師提督王得祿在溫州外海圍捕蔡牽,蔡牽以火藥炸船自盡。 ●「北路淡水營」改為「艋舺營」,「新庄縣丞」改為「艋舺縣丞」,鹿仔港巡檢移駐大甲。
1810	嘉慶十五年	●蛤仔難納入清廷版圖,改稱噶瑪蘭。
1812	嘉慶十七年	●噶瑪蘭正式設廳,廳治設於五圍,置通判一名,首任噶瑪蘭通判為楊廷理。
1816	嘉慶二一年	●違法入山開墾埔里的郭百年等人被官府派兵驅逐,是為郭百年事件。
1822	道光二年	●噶瑪蘭增設軍工匠寮,原腦寮首林泳春不願出任匠首,阻撓工匠入山伐樟木,並演變為械鬥事件。
1823	道光三年	●竹塹鄭用錫成為臺灣籍字號的第一位進士,號為「開臺進士」。
1826	道光六年	●中港發生閩粵械鬥,番割黃斗乃(粵人)引生番出山攻擊閩人。
1829	道光九年	●陳集成墾號進入大嵙崁(桃園大溪)開墾。
1831	道光十一年	●閩、粵頭人林德修、姜秀鑾集資設立金廣福墾號,設隘防番,開拓內山,範圍涵蓋新竹北埔、寶山、峨眉。
1832	道光十二年	●張丙事件爆發,張丙被人誣告,認為嘉義知縣未秉公處理,乃聚眾反官,先後殺害嘉義知縣、臺灣知府,後被臺灣總兵所捕。

1838	道光十八年	●鳳山知縣曹謹築曹公圳，引下淡水溪水灌溉農田。
1841	道光二一年	●鴉片戰爭爆發，英艦納爾不達號駛入雞籠被擊沈。
1843	道光二三年	●郭光侯抗糧事件，遭臺灣知縣閻炘羅織造反罪名，郭光侯潛逃至北京上書皇帝。
1847	道光二七年	●閩浙總督劉韻珂渡臺巡閱，改艋舺文甲書院為學海書院。
1848	道光二八年	●吳全拓墾花蓮之吳全城。
1849	道光二九年	●美國東印度艦隊司令派遣船隻至雞籠探查煤礦。
1850	道光三十年	●英國船艦進入雞籠港要求購買煤炭被拒。
1851	咸豐元年	●清廷重申臺灣採煤禁令及採硫礦禁令。
1853	咸豐三年	●噶瑪蘭廳爆發吳磋、林汶英抗糧反官事件，隔年吳磋被擒誅之。艋舺發生頂下郊拼，晉江、南安、惠安三邑人的頂郊，與同安的下郊，因商業競爭而有分類械鬥，結果下郊敗退，移居大稻埕。 ●板橋林家興建三進大厝。
1854	咸豐四年	●美艦馬其頓號（Macedonian）駛入雞籠；調查船難之美國人下落，並探勘雞籠煤礦。
1858	咸豐八年	●清朝與英、法簽訂「天津條約」，臺灣正式開港。
1859	咸豐九年	●大稻埕霞海城隍廟落成。北部多處地區（淡水廳港仔嘴、加蚋仔、枋橋、芝蘭庄）發生漳泉械鬥，加蚋仔遭毀。
1860	咸豐十年	●清朝與英、法再訂「北京條約」，開臺灣淡水與安平為通商口岸。英國在臺設領事館，郇和（又譯「斯文豪」）來臺任英國駐臺副領事，在臺期間採集各種動植物標本，為臺灣動植物研究先驅。
1861	咸豐十一年	●臺灣開港後，設立釐金局，由臺灣道管轄。臺灣道並將樟腦改為官辦專賣，原設於艋舺等地之軍工料館改為腦館。

1862	同治元年	●戴潮春事件爆發，戴潮春在彰化成立會黨，假團練之名，實則反清，殺淡水廳同知秋曰覲、臺灣道孔昭慈，控制中、彰、投等地。郇和將在臺採集之動植物，送至巴黎參加萬國博覽會。
1863	同治二年	●新任臺灣道丁曰健、福建陸路提督林文察鎮壓戴潮春之亂，年底捕獲首犯戴潮春，就地正法。隔年亂事才完全平定，為臺灣史上歷時最久之民變。
1865	同治四年	●英國長老會傳教士馬雅各來臺行醫傳教。 ●英人陶德從福建安溪引進茶樹，在北臺種植。
1867	同治六年	●美船羅發號（Rover）沉沒，船員漂流至瑯嶠，遭生番殺害，僅一人倖免。美國駐廈門領事李仙德來臺調查，與大頭目卓杞篤議和。英長老會牧師李庥來臺宣教。
1868	同治七年	●英怡記洋行職員必麒麟在梧棲走私樟腦被扣留。英國領事吉必勳指揮英艦擄澎湖水師船隻、砲擊安平，毀軍裝局及火藥局，是為樟腦事件，又稱安平事件。
1869	同治八年	●英人荷恩聲稱取得漢堡領事美利士所發墾照，至大南澳侵墾，伐木熬腦，搭棚造屋，後由總理衙門交涉數年，才棄地離去。
1870	同治九年	●臺灣道在重要路口設卡抽釐，為臺灣抽收腦釐之始。
1871	同治十年	●琉球國船隻飄至牡丹社，五十四名船員被生番殺害，十二名船員倖免。 ●英長老會傳教士甘為霖抵臺，在臺傳教四十餘年。
1872	同治十一年	●加拿大長老會傳教士馬偕在臺灣北部開始傳教。
1873	同治十二年	●板橋林家捐設「大觀義學」，以莊正為山長。
1874	同治十三年	●日軍攻擊牡丹社、高士佛社，爆發「牡丹社事件」。清廷命沈葆楨為欽差大臣，辦理海防及交涉事宜。中日雙方簽訂「北京專約」，清朝賠償日本五十萬兩軍費，日本自臺灣撤兵。

1875	光緒元年	● 沈葆楨推動「開山撫番」政策。丁日昌任福建巡撫。地方行政區重劃，增設臺北府、淡水縣、恆春縣、新竹縣、卑南廳、埔里社廳、基隆廳，改噶瑪蘭廳為宜蘭縣，全臺劃為二府、八縣、四廳。
1876	光緒二年	● 基隆煤礦以機器採煤。
1877	光緒三年	● 臺南府城至旗後的電報線完工。油礦局成立，在苗栗出磺坑以機器鑽井，出產石油。
1878	光緒四年	● 加禮宛與竹窩宛等社襲擊清軍，臺灣鎮總兵吳光亮督軍平之。
1879	光緒五年	● 馬偕建淡水偕醫館(今馬偕醫院前身)，為北臺灣第一所西醫院。
1881	光緒七年	● 岑毓英出任福建巡撫，劉璈出任臺灣道。
1882	光緒八年	● 理學堂大書院（英名 Oxford College，所以又稱牛津學堂）落成，為臺灣第一所西式學校。
1883	光緒九年	● 鵝鑾鼻燈塔完工。
1884	光緒十年	● 淡水女學堂落成，為臺灣第一所女子學校。中法戰爭波及臺灣，法艦隊砲擊基隆，毀社寮島砲臺。十月法將孤拔於仙洞登陸。
1885	光緒十一年	● 法軍攻占獅球嶺、澎湖媽宮港。六月中法議和，法軍撤離臺灣。中法戰爭後，清廷體認臺灣地位之重要，臺灣建省，改福建巡撫為「福建臺灣巡撫」，劉銘傳為第一任巡撫。 ● 英國長老會巴克禮牧師在臺南創立《臺灣府城教會報》（今《臺灣教會公報》前身），為臺灣第一份發行的報紙。 ● 軍械機器局設於臺北。
1886	光緒十二年	● 臺灣開始「清賦」事業。劉銘傳設撫墾局、番學堂。
1887	光緒十三年	● 劉銘傳設西學堂、籌辦臺北至新竹間鐵路。福建與臺灣間的海底電報線完工。地方行政區域更動，劃為三府、一州、三廳、十一縣。臺北設腦務總局，樟腦再收歸官辦。 ● 建立新式郵政，設郵政總局。

1888	光緒十四年	●彰化縣土地清丈不公，引發施九緞事件，攻擊彰化縣城，後由棟軍統領林朝棟平定。臺灣鐵路改歸官辦。於大稻埕成立「電報學堂」。清賦事業完成。
1889	光緒十五年	●黃南球與姜紹祖等合組「廣泰成」墾號，開闢大湖、獅潭等處。
1890	光緒十六年	●劉銘傳因基隆煤礦開放外商事件，遭革職留任。
1891	光緒十七年	●臺北至基隆間鐵路完工。 ●邵友濂接任福建臺灣巡撫。 ●唐景崧出任福建臺灣布政使。 ●甘為霖設立臺灣第一所盲人學校「訓瞽堂」。
1892	光緒十八年	●設臺灣金砂總局於基隆，由張經甫主持，並於瑞芳、暖暖、四腳亭等地設分局。 ●林豪《澎湖廳志》完成。
1893	光緒十九年	●臺北至新竹間鐵路完工。
1894	光緒二十年	●邵友濂奏請將省會改設臺北。 ●甲午戰爭爆發。
1895	光緒二一年	●清廷與日本簽訂馬關條約，將臺灣、澎湖、遼東半島割讓給日本。五月「臺灣民主國」成立，臺灣巡撫唐景崧為總統，劉永福為大將軍。六月日軍攻占臺北城，唐景崧逃亡，十月日軍攻占臺南城，劉永福勢力亦瓦解。

5

鉅變與新秩序

甲午戰爭之後，日本以勝利者的姿態，要求清廷割讓遼東半島以及臺灣，但因遼東半島關係東北亞地緣政治的均勢，遂引來德、法、俄等國介入干預，於是臺灣轉成為割地的首要目標。

日本自明治維新以後，雖然一直有「臺灣領有論」的擴張策略，但相較於歐美國家豐富的殖民經驗，日本是在占領臺灣之後，才開始思考臺灣的統治問題。所以日本在接收臺灣初期，治理方針仍不明確，甚至出現將臺灣人逐出島外，或將臺灣高價賣給其他帝國主義國家等主張。不過礙於國際視聽與利害，日本最後仍否定了這些論調。

為了建立治理方針，日本政府聘用外國顧問，為其擬定基本的統治策略。例如應使臺灣財政盡快獨立，又殖民統治應因地制宜，採取不同於本國統治的方式等。此外還建議應放棄法國對殖民地所採取的同化主義政策，而採行英國殖民統治的經驗，以不劇烈改變臺灣固有風俗為原則。此又稱為「無方針主義」或者「漸進原則」。

「無方針主義」雖不強迫臺灣民眾改變原有風俗，卻主張迅速建立現代國家的統治結構，透過中央集權的強勢統治，確保管理的深度與效率。循此方向，日本先設臺灣總督府，以武力控制臺島，然後廣布警察派出所，結合保甲制度，穩定社會秩序，再以法律和行政，全面掌握社會。

殖民政府的統治措施，以科學主義為原則，從土地、戶口、舊慣、產業等各方面調查入手，確實掌握島上各項基礎資料，再制定管理辦法，達到全面控制的目的。

所謂全面控制，主要是相對於清朝鬆散的、名分的、粗放的治理方式而言。殖民政府透過鐵路、港口、電報等設施，建立綿密的交通網絡，打破區域隔閡，並將貨幣、度量衡、標準時間等制度加以統一，再藉由嚴格的戶口登記、保甲制度、土地產權登記、工商管理辦法等，

基隆港一景。日本殖民政府透過鐵路、港口、電報等設施，建立起綿密的交通網絡，打破過去臺灣的區域隔閡，達到全面控制臺灣的目的。

將每個人嵌入社會整體結構中，成為可計量、可預測、受管制的一員。

　　藉由中央集權的高效率統治，臺灣在很短的時間內，即達成財政獨立的目標。之後，水電基礎建設與金融制度陸續完備，臺灣的生產與商貿事業也逐漸發達起來。剛開始，殖民經濟的重點放在農業，目的在補充日本國內生產之不足，之後輕工業也獲得開展，但仍必須與日本保持垂直分工的狀態。

　　除產業結構的改變外，教育與傳播事業的發展，也大大提昇了民眾的知識水準。受此殖民文化的啟蒙，部分臺灣民眾開始擁有世界視野，也辨識出殖民制度下不公平的生產關係與政治待遇，更由卑屈的感受，建構了新的自我認同。

日本統治時期,殖民經濟的重點放在農業,目的在於補充日本國內生產不足。當時的主要對日本貿易商品為米、糖、香蕉。圖為當時的臺中香蕉,正在進行捆紮裝運作業,準備運往日本。

　　臺灣人在殖民者所帶來的文明啟蒙與政治壓迫中,一直交雜著兩難的評價。經歷過一九二○年代以來強制的同化政策,以及戰爭時期的思想壓迫,現代化的果實自然也發酸走味了。期待甜美卻難掩苦澀,是這個時代的臺灣人心中永遠難以抹滅的遺憾!

乙未割讓與鄉土保衛戰

　　一八九四年夏,日本為了往北拓展勢力,出兵朝鮮半島,而清廷也欲維護其對朝鮮藩屬國的地位,出兵反制,雙方於是爆發甲午戰爭。

  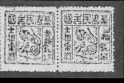

臺灣民主國郵票（國立臺灣歷史博物館藏品）。在得知清朝同意將臺灣割讓給日本後，在臺官吏及仕紳試圖尋找各種解決方案，最終決定成立臺灣民主國，以住民自決的國際法概念來對抗。這是一種外交上的設計，主要是想引來外國勢力干涉，可惜外國並未干涉，民主國勢力遂瓦解，轉由臺灣義勇軍及南部的劉永福作為抗日中心。劉永福雖然拒絕接任民主國總統，但為了籌措軍餉，在外國人麥嘉林（C. A. McAllum）的建議下，發行了士坦乔（stamp），就是現在的郵票。郵票以臺灣民主的國旗——黃虎旗為主要圖案，旁有臺灣民主國之字樣及面額。

甲午戰爭之後，清政府被迫割讓臺灣，引起華南官吏及臺灣紳商對割讓一事深表不滿。日本預計無法和平接收臺灣，乃組織征臺軍隊。日軍先在鹽寮登陸，然後進軍到基隆，與當地守軍爆發戰鬥。圖為日軍與基隆守軍對戰情形（國立臺灣歷史博物館藏品）。日本在十九世紀末流行以圖繪說明新聞事件，受到戰爭勝利及民族主義情緒高漲影響，此類圖繪往往強調裝備整齊的日軍大勝卑鄙狡詐的敵人，圖中日軍占了三分之二的畫面，運用現代化的槍械，攻擊裝備落後的守軍，充分顯示出日本的戰勝者心態。

臺灣人反抗軍於竹林中偷襲日軍圖繪（國立臺灣歷史博物館藏品）。臺灣民主國於日軍登陸不久後即告瓦解，只剩下保鄉衛土的農民繼續戰鬥。雖然他們並非正規軍，裝備又落伍，但仍給日軍極大的打擊。臺灣人為了保衛祖先開墾的鄉土而進行抵抗，日軍在戰記中多以「賊」或「奸民」稱之，但偶爾也會不經意透露佩服之情，如賊頑強抵抗等字眼。本圖為日本人為表現其英勇戰鬥而發行的畫報。圖中描述臺灣義勇軍躲在角落，準備襲擊日軍的情景。這正是臺灣義勇軍當時經常採取的作戰模式。

此役可視為清廷十幾年自強運動的成果驗收，想不到竟以慘敗收場，連由外國顧問指導建立的北洋艦隊，亦全遭殲滅。

戰後雙方折衝談判，簽訂了馬關條約，內容為承認朝鮮獨立，永久割讓遼東半島及臺灣、澎湖，並賠款二億兩。

但日本占領遼東半島，直接威脅俄國在東北亞的利益，故俄國提議干涉，隨後亦獲法、德響應。此舉使清廷大受鼓勵，亟欲循此模式，策動其他列強介入割臺談判。但因臺灣的地緣政治價值未受列強重視，計畫終告失敗。

各國有意干涉的消息傳至臺灣，經紳商與官吏討論，決定援引國際公法之「勒占土地，必視百姓從違」條款，製造事件，引起國際注意。於是，一八九五年五月二十三日，臺灣民主國成立，前臺灣巡撫唐景崧為第一任總統。當時紳商與官吏是將「獨立」視為外交手段，希望以此引來干涉，然而干涉並未發生。日軍登陸後，唐景崧認為計畫失敗，迅速逃離臺灣，而民主國亦宣告瓦解。

上層階級逃離後，反抗者便只剩下與土地連結較深的農民了。

組織義勇，反抗日軍的領導人，多是在開墾過程中擁有武裝勢力的地方頭人（多為地主階層），義勇成員則為佃農及備工。當時日軍雖然宣稱不會侵占民有物業，只接收官方財產，但大軍壓境，攻守懸殊，謠言四起，於是一場保鄉衛土的反抗戰爭，便在桃竹苗地區開始點火燃燒。

反抗的義勇，以熟悉家鄉地形的優勢，對日軍進行頑強游擊式抵抗，雖曾阻擾日軍前進，但雙方的武器與裝備實在差距太大，鄉村義勇終究不是現代軍隊的對手，最後不但傷亡慘重，連無辜平民也在日軍「無差別殲滅」的政策下，慘遭殺戮。

近代統治與社會掌控

　　日本以優勢武力壓制反抗勢力後，為了將臺灣編入殖民統治架構，隨即著手國土調查。調查內容涵蓋廣泛，包括戶口、土地、交通、習俗、產業、山川地理、自然資源等，其成果便於將臺灣轉換成一個可計量、可估算、可操作、可控制管理的對象。

　　總督府以武力為後盾，在各地廣設警察派出所，形成綿密的控制網絡。但中國向無警察制度，其職掌之細緻複雜，傳統臺灣人難以適從。為了在現代統治與舊習慣例間建立聯繫，日本人乃採用漢人的保甲制度又略加改良，於一八九八年設立保甲局，將臺民納入編制，互相監視，並由紳商進行良匪區分，嚴密管控治安。

　　現代國家的地方治理，跟傳統官府有一最大不同，即在物質條件的進步，已使統治技術可以細密且深入的管控全局。過去由二、三十個衙役集中一處，負責一縣治安與各種紛爭，行事必然消極而粗放，如今由十倍以上的警察，遍設駐所，彼此聯繫，又配備現代武器與通訊器材，自然能主動且系統性地貫徹國家各行政機關之措施，其型態已完全改觀。

　　另一方面，總督府也特意拉攏民間社會的領導者。其先是透過土地調查，確立地主權利，然後對於協助官方進行統治的地主或紳商，則給予鴉片、鹽、樟腦等專賣利益。在這些協助者中，貢獻或影響力較大的人，則授與紳章，表彰其名位。這些措施的目的，主要是籠絡民間重要人士，並將其名利榮辱，盡量與統治者聯繫成一體。

　　至於教育，更是培養忠心守法，且富有生產力的現代國民的重要手段。透過強調殖民者與被殖民者之間文明優劣的教育內容，又配合各類儀式禮法的規訓控制，殖民者最終希望訓練出最忠誠的臣民，使臺灣人發自內心地服從於殖民統治。

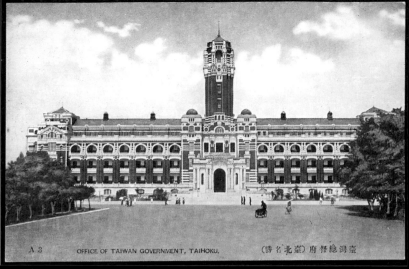

OFFICE OF TAIWAN GOVERNMENT, TAIHOKU.　（臺北名勝）臺灣總督府

日本時代的臺灣總督府明信片（國立臺灣歷史博物館藏品）。日本在臺設置的總督府，最先選在清代的布政使司衙門辦公，直至一九一九年才搬入新建的總督府大樓。總督府是日本統治臺灣的中樞，權力相當大，總攬行政、立法及部分司法大權於一身。臺灣人曾要求設立臺灣議會以制衡總督，但日本人僅同意設立諮詢性的評議會。本圖為臺灣總督府外觀，中央高塔有象徵統治權威的特殊意義。當時臺北市民之歌中有：「光明理想的摩天之塔，啊！無可動搖的統治印記」，即指總督府之建築。這座日人稱為摩天塔的總督府，常被臺灣人戲稱為「阿呆塔」，算是對統治當局的小小揶揄。

日本時代的北門第六保保正牌（國立臺灣歷史博物館藏品）。日本剛占領臺灣時，地方的反抗情緒仍高，經臺灣紳商建議，統治當局乃起用清代即有的保甲制，以確保地方的平靜。據一八九八年制訂的保甲條例規定，以十戶為一甲，十甲為一保，設保正一人，以連坐法監視保甲內之臺灣人民，但日本人不包含在內。保正的工作除協助治安外，也負有輔助行政事務的責任，如戶口調查，改善風俗，地方衛生等。清代之保甲並非嚴格編制，而日本則將其與其現代性之統治手法相結合，一直到一九四五年六月才廢除。此制度之連坐規定，由於違反現代法律精神，廣受知識分子批評。

23. Cultivating rice field by Savages, Formosa. 〔臺灣〕番人の水田耕作
昔兒を生として居た彼等も今日は斯く立派な水田を耕作する樣になりました

（臺灣）角板山蕃童教育所
The School for Young Savages, Kapuzzan, Formosa.

角板山番人水田耕作（上）角板山蕃童教育所（下）（國立臺灣歷史博物館藏品）。角板山（今桃園復興）一帶的泰雅族，原為日治初期殖民政府理番的重點對象，後經武力鎮壓與溫情勸降而相繼歸順，此後，隨著交通設施的構築，還有部落中的警察駐在所，以及蕃童教育所的設置，再加上推行水田化等授產政策，原住民開始經歷「文明化」的過程，而部落也成了受國家所控制的國土。

由部落原住民到高砂族

　　對於山林中的土地與原住民，清廷向來採取隔離與不干預的原則，但在日本正式管轄臺灣後，總督府一改舊慣，決定將山林土地收歸國有，同時強力將原住民編入體制，以國家對國民之權利義務關係，處理原住民問題。

　　這種新政策，根據現代國家之主權觀念，在當時還代表著進步與文明，故此舉雖嚴重破壞原住民的生活方式與價值觀念，並引來反抗，但還是被統治者徹底執行。

　　山林土地國有化後，原住民的狩獵、農墾、造屋皆受限制，生產型態與部落文化自然也被迫改變。根據一九三〇年代的統計資料，臺灣番地總面積中 99.72% 為國有土地，「還我土地」因而成為日後原住民爭取自主的核心訴求。

　　日本統治初期，殖民者陸續進行山區資源調查與原住民調查，此時區域性的武力鎮壓亦同時開展。一九一〇年代，武力鎮壓在佐久間左馬太總督的計畫下，成為大規模且有計畫的「理番」政策。

　　總督府一方面以優勢武力壓制原住民反抗，一方面也透過文明教化的手段，使原住民順從並放棄許多部落舊有習慣。當時常以警察駐在所監視並管理部落；以教育所改變其固有習俗，形塑認同日本的意識型態；以交易所拉近山地與平地的經濟關係，引進貨幣交易的習慣，同時依照政策需要，改變原住民的生產型態。

　　在懷柔與鎮壓的雙重手段下，臺灣總督府自認已完全掌控原住民社會，想不到在一九三〇年，被視為模範部落的霧社，竟爆發震撼島內外，且傷亡慘重的霧社事件。

　　霧社事件的爆發，迫使總督下臺，同時調整原住民政策。一九三五

年，殖民統治者將原住民的稱呼，由歧視性的「蕃」，改為高砂族。「高砂」一語，原為日本對臺灣的古稱，殖民者認為原住民為居於「高砂」島之民，因此便稱為「高砂族」。這種中性的稱呼，搭配更為懷柔的統治手段，同時配合部落遷移，以及產業發展，使原住民慢慢從反抗者轉變成殖民經濟的協助者。

日本統治時期五十年，臺灣原住民被迫接受殖民政府的統治方式與國家認同，新價值與舊文化造成了原住民自我認同的混淆，到了太平洋戰爭時代，出草的勇士成為出征的軍人，臺灣原住民在矛盾情結中，走向異鄉的戰場。

殖民經濟的建立

在日本統治臺灣前夕，臺灣的對外貿易主要以中國、南洋地區，以及英、德等各國洋行為主要對象。然而，經過日本十年統治後，臺灣逐漸被整合進入大日本帝國的貿易體系，改以對日貿易為主。

以一九三九年為例，移出入（指對日貿易）共計八億六七三五萬餘日圓，約占貿易總額的 86.5％，而輸出入（指與外國貿易）僅占一億三四二三萬日圓，約占貿易總額的 13.5％。其他時期亦然。主要的對日本貿易商品為米、糖及香蕉。以移出入貿易最興盛的一九三九年為例，砂糖二億二九〇〇萬日圓，占移出總額 45％，米則是一億二五〇〇萬日圓，占 25％，香蕉移出逐年減少，該年為一六五〇萬日圓，與酒精同占 3％。臺灣移出到日本的產品，光是米、糖就占了七成以上。

日本移入到臺灣的產品，以最興盛的一九四〇年為例，肥料為最大宗，占 10％，其次木材占 7％，再其次是鐵材 4％，然後是食物、衣服、

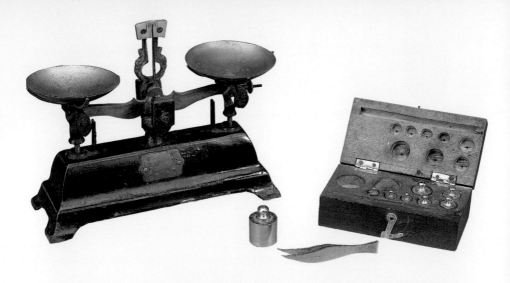

臺灣在清代不僅沒有統一貨幣，度量衡在各地也略有不同，嚴重影響跨地域的公平交易。日本人統治臺灣後，先是調查臺灣各地的度量衡制度，進而制訂統一標準，規定所有度量器的製作皆需經過總督府的認可方能使用。圖為總督府認可的天平（國立臺灣歷史博物館藏品），上面刻有總督府認可的字樣。在當時只要使用非經認可的度量器，就會遭受警察取締處罰。在賴和小說《一桿秤仔》中，就提及警察取締度量衡引發的衝突故事。

日常用品、鐵製品、紙類，以及少數工業產品。臺灣將農產品銷至日本，也成為日本肥料、食品、紡織等產品的市場，上下游垂直分工的型態非常明顯。

當時臺灣的對日貿易，常保出超狀態，商品則以米、糖為大宗，因此殖民地的經濟問題，一直是以米糖的農業問題為核心。

日本統治初期，由於日本工業化剛起步不久，並無多餘資本可投入殖民地開發，故總督府首要目標就是提供殖民母國必須的農產品，以換取開發的資本。其實，臺灣本來就有高度商業化的農業經濟基礎，殖民者順此趨勢，保留原先的土地制度，僅從事肥料與品種改良，並

清代臺灣貨幣種類各式各樣，除銅錢與西洋銀元外，還有成分不一的各種銀兩，使用時相當不便，也對交易造成一定的阻礙。日本於一八九九年設立臺灣銀行，並發行貨幣，幾年後，「臺灣銀行券」遂成為通行的貨幣。圖為臺灣銀行券一圓紙鈔（國立臺灣歷史博物館藏品）。臺銀券從一九○○流通至一九四六年，其中經過幾次改版，幣值除了一圓，也有十圓及五十圓。

改善交通基礎建設，即得到很好的成效。

　　保留原有土地制度，確保中小農戶的土地所有權，也使臺灣並未跟世界其他殖民地一樣，土地常集中到少數財團手中，造成懸殊的貧富與階級問題。此制度成形後，即使後來許多日本糖業資本家進入臺灣，也已無法模仿他國殖民者，以驅逐農民的方式大量集中土地，而只能靠官方法令維護其壟斷利益，並與本地家庭農場形成垂直的整合分工。

　　由於糖業受殖民者的壟斷保護，故甘蔗原料之收購價格亦由糖業資本家決定，僅參照米價而略微調高，以確保農民不會轉作。蔗農生活雖有所改善，但多數利益仍由日本資本家所取得。一次大戰後，日本

之工業化與都市化程度皆飛快成長，對臺灣稻米之需求因而大增，也造成米價一路高漲。由於臺灣米作部門統治階級的壟斷力不如糖業部門，因此農民紛紛轉作稻米，造成日本糖業資本家的損失，總督府因而在一九三〇年代末期，以戰爭為由，實施米專賣，並打擊地主勢力，使糖業資本家的收購成本得以大幅降低。

中日戰爭爆發後，日本大力在臺灣發展軍需工業，欲使臺灣成為其南進基地。從投入資金與設備之規模來看，這可視為臺灣工業化之正式起步。一九三九年，臺灣工業生產總值，首次超越農業，成為占比最高的產業。在這一年，臺灣的產業型態跨進了現代化歷程的另一個里程碑。

殖民地下的新人民

為兼顧產業發展與穩定統治秩序，臺灣總督府透過公學校大力推廣初等教育，藉以培養質優的勞動人力以及效忠國家的國民。又為了訓練殖民地統治所需之教育與醫療等人才，於是有限度的推行中高等教育，造就部分具專業技能的社會菁英。

公學校的教育，以國語（日語）課程的分量最重，這是為了提昇識字能力，以及培養國民對殖民者的認同與效忠。另外，也安排學習許多工商業所需的基本技能，如理化、數學等課程，還有農業實習課和手工藝訓練等。從社會轉型的角度來看，這種普及性的初等教育對於奠定現代社會的倫理價值，提供產業所需的人力，甚至是消弭群族隔閡，都有很大的貢獻。

至於中等教育則偏重於養成可以協助統治的技術人才。不過因名額過少，競爭十分激烈，故許多臺灣子弟寧可前往日本，尋找留學深造

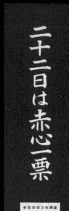

（左）雲林「斗六街協議會員」選舉會場前選民排隊等候投票情形（秋惠文庫藏品）、（中）臺中州南屯庄協議會員候選人選舉布旗、（右）「二十二日發自內心的一票」選舉標語（國立臺灣歷史博物館藏品）。一九三五年十一月二十二日，臺灣舉行了史上第一次的選舉，選舉是為了選出地方自治之代議士，其中包含市街庄等層級，對於殖民地的臺灣人而言，選舉是享受國民參政權利的初步嘗試，因此備受臺灣民眾關注。然而，綜觀此次選舉，臺民雖熱切期待與投入，但選舉制度設有選舉人財產限制，民選之民意代表僅占半數，另外半數則由州知事指派遴選，議長皆由街、庄長、市尹等行政首長充任，議會功能限於諮詢性質，無法影響行政決策。

四湖公學校皆勤章（全勤章）（國立臺灣歷史博物館藏品）。現代教育透過吸引人的教材與教法，將國家認同、現代文明科學等觀念價值，深植於學生心中。更透過表揚全勤者，鼓勵學生出席，激發學生的競爭性與榮譽感，提升學習成效。

的機會。不管在島內或在日本，接受教育洗禮，即是臺灣人開始覺醒，並邁出追求公平權益的第一步。

一九二○年代，世界化的民主自由思潮席捲亞洲，日本與臺灣同受影響。接受此新思潮的知識分子，驚覺殖民地的不平等待遇，於是醞釀出一股爭取政治平等權利的社會力量。

首先是發起要求落實民主原則的臺灣議會設置請願活動，然後有文化協會等組織團體，舉辦演講、出版書刊，並組成電影隊、新劇團，四處宣導文明新潮，又設立讀報社，供民眾閱讀以增廣見聞。

知識青年提出不同於殖民政府的理念，透過文化協會、臺灣民眾黨、地方自治聯盟、新文協、臺灣共產黨等組織積極活動。各種訴求中，有的著重於政治權利，有的突顯階級矛盾，有的主張農工改良、共產革命等，其對人群社會所暢言之理想，廣泛熱切，前所未有，可說是臺灣「價值自覺的年代」。

到了一九三○年，日本軍閥抬頭，總督府的政策開始緊縮，既禁止政治結社，又限制政治言論發表，為期十年、風起雲湧的政治社會運動宣告結束。然而，政治訴求雖然失敗，但追求價值自覺的熱情，卻在文學與藝術中持續燃燒著。

殖民都市與摩登生活

日本殖民統治臺灣後，以歐美國家為典範，陸續推動「市區改正」等都市計畫。現代都市的建設，不僅為了統治與經濟的需求，同時也替移民臺灣的日本人打造享受現代文明的舒適環境。

「市區改正」計畫，遍及全臺各地，但以臺北最具代表性。其計畫一方面拆除象徵傳統勢力的舊城牆，一方面則透過棋盤式街道，將都

市功能與屬性，進行整齊的分類規劃，並增設水電與公共衛生設施。

　　這座由殖民者所規劃的都市，具有歐洲風格的公共建築，以及公園遊憩設施，與世界潮流亦步亦趨，而高聳的總督府，左右護立著法院與銀行，正象徵統治者的三大權威。

　　然而，臺北都會的營造，主要集中在以日本人居住為主的城內，對於人口數倍於城內的大稻埕與艋舺等地區，各種建設則都遠遠不如。資源分配的不平等，也呈現殖民都市的差別特性。

　　臺北除了扮演統治中樞的功能，也是日本移民與日本資本家匯聚的據點，加上原有市區的商貿活動，為他帶來大量的受薪人口。這些受

臺北城牆舊址改築寬廣筆直的「三線路」。一九○五年，「臺北市區計畫」決定拆除臺北城牆、改築道路、擴大市地面積、棋盤式街廓，並以十五萬人作為規劃目標。與此同年所進行的日本時代第一次戶口調查中，也顯示臺北人口達到七萬多人，已經超越昔日的臺灣第一大城臺南。一九○五年都市計畫實施後，臺北從臺北城加上大稻埕與艋舺的「三個市街」變為「一個都市」。

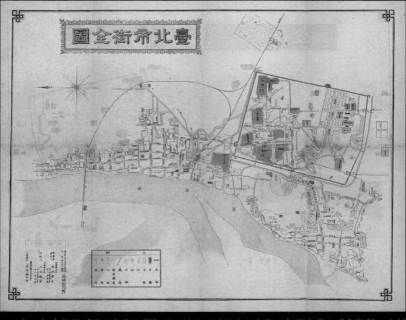

一八九八年出版的《臺北市街全圖》中，淡水河畔的臺北市街，主要由臺北城與艋舺、大稻埕等三個部分所構成，臺北城內除大量空地外，多為政治與軍事設施，突顯臺北城之軍事與政治意義。而分據在淡水河畔的艋舺、大稻埕，則是商業要地。此時的臺北，正值日本時代都市計畫推展前夕，臺北城與艋舺、大稻埕尚須經由都市計畫與交通網絡加以聯繫（國立臺灣歷史博物館藏品）。

大東亞戰爭と
台灣青年
寫眞報道

朝日新聞社編

皇民
奉公
叢書

第四輯

米穀増産の栞

臺灣總督府技師入鹿山成樹述

皇民奉公會刊行

過現代文明洗禮的都市受薪男女，以新的消費方式，塑造了都會風情，也塑造了一種市民階級的認同。

消費的焦點，自然以現代文明的流行產物最受矚目，因此現代（modern）一詞，被音譯的「毛斷」（當時的對譯詞，今多翻為「摩登」）兩字取代，不時掛在都市人的口邊。流行於世界或日本的音樂類型、飲食方式、裝扮服飾，甚至旅行休閒等生活型態，無不是新型消費追求的對象。

一九三〇年代，流行文化商品遍及世界。默片電影裡的米老鼠，兩、三年內可以從紐約、倫敦街頭，流行到東京、上海與臺北街頭。啤酒、香煙、化妝品，各類規格化的商品廣告隨處可見，夜晚的霓虹燈使都會生活更令人陶醉，畫報、小說、唱片、電影、廣播等現代娛樂，跨越地域，推陳出新，創造著臺灣歷史中不曾有過的世界性都市消費文化。

烽火歲月

一九三七年，中日戰爭正式爆發，日本軍部立即展開「總體戰」，對國民進行全面的精神、物質及人力的總動員。此時，臺灣不但是日本總體戰的動員對象，更要接受其「皇民化、工業化、南進基地化」的各種措施。

這些措施包括大舉破壞臺灣寺廟神明、禁止臺灣傳統文化活動，以及禁止報紙使用漢文，同時為了南進的需要，全力發展軍需工業，並動員臺灣人前往中國戰場擔任軍夫、軍屬等工作。

一九四〇年，激進的皇民化政策略作調整，日本開始強調「大東亞共榮圈」，鼓吹亞洲弱小民族在日本領導下對抗白人殖民。由於中國戰場陷入膠著，日本軍方為取得南洋資源，發動太平洋戰爭，並先後向美國及英、荷等諸國宣戰。

臺灣為支應南洋戰場所需，除了加重精神及物資動員外，還兼及人力動員。總督府開始積極徵調臺人組成志願兵，前往南洋戰地。而各類技術人員被派遣至南洋的也不在少數。

戰爭後期，人力、物力的徵調已達極限，臺灣陷入嚴重的物資短缺，人民生活十分艱苦，總督府乃針對主要物資進行價格與流通管制。但此時的管制僅便於分配，對生產則毫無助益，且有雪上加霜的效果。

日本戰敗後，總督府隨即取消管制，改採自由經濟。但由管制到解除的過程，各方條件皆缺乏配合，又加以新政府治理不善，遂使社會出現嚴重的通貨膨脹，人心浮躁不安，也為日後的動亂埋下了不幸的種子。

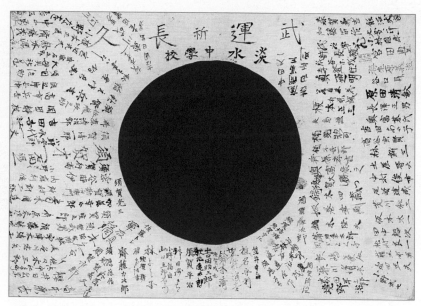

二戰時，臺灣人民除了被國家動員捐獻物資外，也被要求身體及精神上全力支援戰爭。徵調出征時，往往舉行盛大的出征儀式，祈求武運長久。這類儀式當中，也有如人人縫一針的千人針，或者是在國旗上人人簽名，以祈求出征順利等。也有鼓勵後方人民寫信或寄慰問袋給前線將士。圖為一九四三年，載有臺北淡水中學師生簽名的日本國旗（國立臺灣歷史博物館藏品）。可能是該校某教師被徵召出征，師生們為歡送而製作此旗，其中簽名者主要是日本式姓名。

日本時代臺灣大事記

1895	明治二八年	● 臺灣總督府成立，海軍大將樺山資紀被任命為第一任總督。 ● 學務部長伊澤修二在士林創立「芝山岩學堂」，為日本在臺推行教育之始。 ● 北白川宮能久親王率近衛師團來臺平定各地抗日勢力，因患瘧疾於臺南病故。
1896	明治二九年	● 實行星期制及標準時間制（格林威治時間）。 ● 芝山岩學堂六位學務官員被抗日分子所殺，稱「芝山岩事件」，立「學務官僚遭難之碑」紀念，尊稱此六人為「六士先生」。 ● 設「國語傳習所」及「國語學校」。 ● 國語學校教諭粟野傳之丞在芝山岩採集到史前石斧，引起考古學家重視與挖掘，陸續有多個史前文化層在「芝山岩遺址」出土。 ● 頒布「六三法」，賦予臺灣總督行政、立法權。 ● 柯鐵、簡義於雲林大坪頂（古坑）建立「鐵國山」抗日基地，後簡義受招撫，柯鐵逃入深山。 ● 設三縣（臺北、臺中、臺南）一廳（澎湖）。 ● 《臺灣新報》創刊，由田村大吉郎擔任主筆。
1897	明治三十年	● 深堀安一郎上尉率領橫貫中央山脈道路探勘隊，自霧社入山後月餘失蹤，後證實被原住民殺害。 ● 「臺灣阿片令」公布，鴉片實施專賣。 ● 國籍選擇日到期，未選擇國籍者，成為日本國民。 ● 地方制度更動，設六縣（臺北、新竹、臺中、嘉義、臺南、鳳山）三廳（宜蘭、臺東、澎湖）。 ● 乃木希典總督推行「三段警備制」，將臺灣依治安情況分為三種防備區域，各由軍隊、憲兵、警察來負責，但隔年即廢除。 ● 高等法院院長及法務部長高野孟矩遭總督免職，引起司法人員不滿，及總督權限是否與日本憲法牴觸的爭議，稱為「高野孟矩事件」。
1898	明治三一年	● 第四任總督兒玉源太郎就職，後藤新平擔任民政局長。 ● 《臺灣日日新報》創刊，為合併《臺灣新報》與《臺灣日報》後所創立的新報社，第一任社長為守屋善兵衛。 ● 「保甲條例」公布，以十戶為一甲，十甲為一保，作為警察的輔助組織。

		• 「土地調查局」設立，調查整理全臺土地所有權狀況。
		• 北部抗日首領簡大獅於芝山岩投降歸順。
1899	明治三二年	• 「匪徒刑罰令」公布，目的在鎮壓抗日分子之活動。
		• 「臺灣事業公債法」公布，總督府得以大力推動公共工程建設。
		• 「總督府醫學校」創立。
		• 南部抗日首領林少貓在屏東歸順。
		• 原大倉組支配人賀田金三郎成立「賀田組」，開發東部，在花蓮、臺東製腦、種蔗、發展畜牧業。
		• 臺灣銀行成立，為日本時代臺灣貨幣發行機關。
		• 總督府「鐵道部」成立，由後藤新平兼任部長，長谷川謹介任技師長。
1900	明治三三年	• 「臺灣慣習研究會」成立，隔年起發行《臺灣慣習記事》刊物，此民間組織與隔年官方的「舊慣調查會」人員多有重疊。
		• 臺北大稻埕中醫師黃玉階發起「臺北天然足會」，提倡婦女不再纏足運動。
		• 總督府為籠絡傳統仕紳階級，於淡水館舉辦「揚文會」，邀集清代有功名的仕紳與會。
		• 簡大獅在福建被清廷逮捕，引渡回臺，入獄處死。
		• 臺南至打狗間鐵路通車。
		• 「臺灣製糖株式會社」成立，為臺灣第一間新式製糖工廠。
1901	明治三四年	• 總督府成立「專賣局」，原樟腦局、鹽務局、製藥所（樟腦）業務皆歸專賣局管轄。
		• 「臺灣公共埤圳規則」公布，水權與大眾利益相關者，得以指定為公共埤圳。
		• 新渡戶稻造出任殖產局長，提出「糖業改良意見書」，主張增加甘蔗產量及製糖工業現代化，促進臺灣糖業發展甚鉅。
		• 總督府成立「臨時臺灣舊慣調查會」，目的在調查臺灣之傳統民俗，分為法制與經濟兩部。
		• 規定度量衡制度與日本統一。
1902	明治三五年	• 「糖業獎勵規則」公布，設立「糖務局」。
		• 砲轟林少貓根據地後壁林（今高雄小港），林少貓等人被殺，總督府宣布全臺已無抗日分子，恢復治安。
		• 各地私設消防組織，陸續改為公設消防組織，經費由地方支應。
		• 苗栗南庄爆發「日阿拐事件」，又稱「南庄事件」，因樟腦

		及土地開墾問題，引起賽夏族頭目日阿拐聯合泰雅族及客家人攻擊南庄支廳的抗日事件。
1903	明治三六年	● 「臺灣醫學會」成立，為一醫學研究組織，其機關刊物《臺灣醫學會雜誌》亦於同年開始發行。 ● 「姊妹原事件」（或稱「南北蕃事件」、「干卓萬事件」）爆發，布農族干卓萬群受日人操縱，藉與賽德克族霧社群交換生活物品時，大舉砍殺霧社群人。 ● 總督府於宜蘭、深坑、新竹、南投設立四條隘勇線，防堵原住民。 ● 原《臺澎日報》更名為《臺南新報》。 ● 「鹽水港製糖會社」成立。
1904	明治三七年	● 臺灣二萬分之一地形圖完成，通稱「臺灣堡圖」，除番地外，所有行政區皆涵蓋在內。 ● 「日俄戰爭」爆發。 ● 陳中和（高雄陳家奠基者）於鳳山郡成立「新興製糖工廠」，後改為「新興製糖株式會社」。 ● 第一所「蕃童教育所」設於嘉義達邦社。
1905	明治三八年	● 總督府成立「臨時臺灣戶口調查部」，自本年起，每隔五年定期實施人口調查。 ● 臺灣第一座電廠「龜山發電所」完工，以水力發電。 ● 彰化廳的大租戶吳汝祥等，在大租權廢止後，以拿到的「大租權補償公債」抵充資本，成立「彰化銀行」。
1906	明治三九年	● 「梅山地震」，震央位於嘉義梅山，規模 7.1，災區包括雲、嘉、南地區，共造成一千兩百餘人死亡，為第一個在災後有正式調查紀錄的地震。 ● 為開發阿里山之林業資源，阿里山森林鐵路開始動工。 ● 開始實施「戶籍登記制度」，設戶籍登記簿，由警察辦理調查工作。 ● 「明治製糖株式會社」設立。 ● 「大日本製糖株式會社」設立。
1907	明治四十年	● 「三一法」開始生效，同時廢止「六三法」。 ● 「枕頭山之役」爆發，為擴張隘勇線，日軍在深入枕頭山（今桃園復興鄉三民村）時，遭到原住民激烈抵抗，歷經三月餘，雙方皆傷亡慘重。

		• 「北埔事件」爆發，在新竹北埔由蔡清琳領導的抗日事件，蔡清琳宣稱有清國軍隊將攻臺灣，率眾攻入北埔支廳，總督府立刻派軍隊平之。
1908	明治四一年	• 縱貫鐵路全線通車，在臺中公園舉行開通典禮。 • 「臺灣總督府博物館」（今「國立臺灣博物館」）成立。 • 打狗（高雄）港第一期築港工程開始。 • 「新起街市場」（「西門町紅樓」）落成，為臺灣第一座公有市場，其建築為八角形紅磚洋樓。
1909	明治四二年	• 「瀛社」成立於臺北，為日本時代三大詩社之一。 • 「臺灣總督府研究所」成立，首任所長為高木友枝，主要從事臺灣之殖產與衛生等調查與實驗。 • 「臺北水源地」（今自來水博物館）完工，臺北開始提供自來水。 • 「淡水戲館」於大稻埕落成，為臺灣第一座新式劇場。 • 高松豐次郎於臺北創設「臺灣正劇練習所」，為臺灣第一個新式劇團。 • 地方制度變更，原設二十廳縮減為十二廳。 • 總督府於花蓮設立「吉野村」，為第一個官設的日本移民村。 • 總督府民政局下新設「蕃務本署」，各州廳設「蕃務課」，為理番事業做準備。
1910	明治四三年	• 佐久間左馬太總督實施「五年理番計畫」（1910-1915年），欲以武力鎮壓為手段，使所有原住民皆納入總督府統治之下。 • 北投溫泉公共浴場開工興建。 • 臨時臺灣舊慣調查會所編《臺灣私法》十三冊告成。
1911	明治四四年	• 阿里山鐵路通車。 • 黃玉階成立「斷髮不改裝會」，召集仕紳，定期斷髮，但衣服仍著唐裝。 • 「芳乃亭」於臺北西門町開幕，為臺灣第一家專門電影院。 • 「林業試驗場」成立。
1912	明治四五年	• 羅福星來臺組織革命黨，隔年被捕。 • 「林圯埔事件」（又稱「竹林事件」）爆發，總督府將林圯埔等地竹林收歸國有，交「三菱會社」管理，使當地竹農生計困難，林啟禎與劉乾等人於是率眾攻擊林圯埔駐在所。 • 「土庫事件」爆發，黃朝受辛亥革命成功及林圯埔事件影響，自稱玄天上帝已授他為臺灣國王，號召群眾抗日。

1913	大正二年	● 總督府於苗栗設臨時法庭，審理包括羅福星案、南投陳阿榮案、大湖張火爐案、關帝廟李阿齊案、東勢角賴來案，因此將此五案合稱為「苗栗事件」。
		● 臺北至圓山間之汽車客運通車，為臺灣第一條運行的客運路線。
		● 孫中山第二度來臺，為商量討袁之事，下榻「梅屋敷」。
		● 《清國行政法》告成。
1914	大正三年	● 臺北「圓山動物園」成立。
		● 「六甲事件」爆發，羅臭頭自稱臺灣皇帝，以佛堂為掩護，聚眾抗日，攻擊六甲支廳，後遭警察圍捕，羅自戕、餘黨被捕。
		● 佐久間左馬太總督親自督軍討伐太魯閣原住民，為時三月之久，戰事結束後，佐久間赴日向天皇面稟臺灣理番事業完成。
		● 林獻堂邀板垣退助訪臺演講，主張臺灣人應與日本人享同等權益，因而成立「臺灣同化會」。
1915	大正四年	● 總督府以「防礙公安」為由，令「臺灣同化會」解散。
		● 「公立臺中中學校」成立，為第一所專門招收臺灣人的中等學校。
		● 「總督府圖書館」正式成立，為第一所公立圖書館，首任館長為隈本繁吉。
		● 臺南玉井爆發「噍吧哖事件」（又稱「西來庵事件」、「余清芳事件」），余清芳宣稱將建「大明慈悲國」，以齋堂為據點，起事月餘失敗被捕，共牽連八百多人被判死刑，因死刑人數過多，引起日本國會關注，後多數人改判無期徒刑。
		● 各地組「國語普及會」、「風俗改良會」等社會團體，以推動日語、改正陋習為目標，各種運動一時大興。
1916	大正五年	● 桃園大圳動工興建，引大料崁溪（今大漢溪）灌溉。
		● 總督府在臺北舉辦「臺灣勸業共進會」展覽會，以慶祝統治二十週年，及宣揚治臺成果。
		● 「三峽老街」引入歐式街道概念，改造街屋立面、新設排水溝等，老街風貌定型。
1917	大正六年	● 彰化「崇文社」成立，旨在「重道崇文」、關懷社會，成員包括賴和等人。
		● 平澤丁東出版《臺灣の歌謠と名著物語》，共收二百多首歌謠，為臺灣第一本研究歌謠的著作。

1918	大正七年	• 「共通法」公布，以解決日本帝國內各地域間的法令衝突問題。 • 「民政長官」改稱「總務長官」。 • 林獻堂與東京臺灣留學生在東京發起「六三法撤廢運動」。後又改組「啟發會」。
1919	大正八年	• 「臺灣教育令」公布，開放臺灣人中等以上教育，並維持日本與臺灣人學校交流。 • 總督府完工。 • 板橋林家之林熊徵等人創立「華南銀行」，具有華僑金融機構性質，故於華南、南洋地區設立營業據點。 • 「臺灣電力株式會社」（臺電前身）創立，總社設於臺北，為官民合營之會社。 • 設「臺灣軍司令官」，總督不再有軍事指揮權，但第一任軍司令官由明石元二郎總督兼任。 • 總督改由文官擔任，田健治郎為第一位文官總督，以「內地延長主義」為政策。
1920	大正九年	• 東京的臺灣留學生結成「新民會」，首任會長為林獻堂，副會長為蔡惠如。 • 黃土水以石膏作品「山童吹笛」入選日本「帝國美術展覽會」，為臺灣第一位入選帝展的藝術家。 • 地方行政制度變更，全島分為五州（臺北、新竹、臺中、臺南、高雄）二廳（花蓮、臺東），臺灣之行政區劃大致底定。 • 顏雲年創立「臺陽礦業株式會社」。
1921	大正十年	• 林獻堂、林呈祿等人向帝國議會提出「設置臺灣議會請願書」，主張臺灣應設置特別議會，以限制總督權力及保障臺灣之特殊性，從此展開十四年之久的「臺灣議會設置請願運動」。 • 「嘉南大圳組合」成立，由八田與一任出張所所長，嘉南大圳開始動工。 • 顏雲年為開採「石底煤礦」，所開設之「石底支線」通車，即今平溪線鐵路前身。 • 「臺灣文化協會」成立，為呼應東京之「議會設置請願運動」，由蔣渭水等人提倡應於臺灣成立文化啟蒙組織，以助長臺灣文化發展，由林獻堂出任總理。 • 推行「時間紀念日」運動，培養守時、惜時的精神。 • 連橫《臺灣通史》三大冊發行。

1922	大正十一年	● 「法三號」生效，「三一法」同時廢止。
		● 新「臺灣教育令」公布，為配合「內地延長主義」，臺灣學制比照日本內地學制實施，採「日臺共學制」。
		● 「臺北高等學校」（位於今臺灣師範大學校本部）成立，為臺灣唯一的高等學校，學制為七年，先念四年「尋常科」，再念三年「高等科」，畢業後可進入大學就讀。
		● 杜聰明取得京都帝國大學醫學博士學位，第一位臺灣人博士。
1923	大正十二年	● 為推動「臺灣議會設置請願運動」，蔣渭水等人先在臺北申請設立「臺灣議會期成同盟會」不成，又至東京申請，獲准成立，總督府以此舉違反治安警察法為由，將蔣渭水等人逮捕、起訴，稱為「治警事件」。
		● 皇太子裕仁（即後來之昭和天皇）抵臺視察，「東宮行啟」十二天。
		● 《臺灣民報》在東京發刊，經檢查後再運送來臺，初為半月刊，後陸續又改為旬刊、週刊，為日本時代唯一由臺灣人發行，且以臺灣人立場發聲的報刊。
		● 林熊徵成立「公益會」，反對「臺灣文化協會」。
1924	大正十三年	● 張我軍發表〈致臺灣青年的一封信〉、〈糟糕的臺灣文學〉，引發新舊文學論戰。
		● 郵政業務與鐵道業務合併，歸交通局管轄。
		● 宜蘭線鐵路完工。
1925	大正十四年	● 總督府在臺北舉辦「始政三十年博覽會」。
		● 「治安維持法」公布，設置「特別高等警察」（簡稱「特高」）以監視人民思想。
		● 六月，李應章等人成立「二林蔗農組合」，為臺灣農民組合運動之始。十月，二林蔗農與林本源製糖會社因收購價、過磅等問題發生衝突，遭州政府逮捕九十三人，是為「二林事件」。
		● 「鼎新社」成立，為最早有政治色彩的劇團，配合「臺灣文化協會」的運動方向，在各地舉行公演。
		● 簡吉等人成立「鳳山農民組合」。
1926	大正十五年	● 花東鐵路全線通車。
		● 「中部臺灣共進會」在臺中開展，共有五個展覽場、五個特設館，展期十天。
		● 磯永吉博士育成的內地米種，由總督伊澤多喜男命名為「蓬萊米」。

		● 簡吉、趙港等人發起全臺性質的「臺灣農民組合」，總部設在鳳山。
		● 森丑之助在返回日本的船上失蹤。
1927	昭和二年	● 第一屆臺灣美術展覽會（簡稱「臺展」）揭幕，為臺灣最具規模的官辦美展。
		● 「臺灣黑色青年聯盟」成立於彰化，為無政府主義者所組成之政治團體，又稱為「臺灣無產青年會」。
		● 「臺灣民眾黨」成立，為臺灣人組成唯一合法政黨，由「臺灣文化協會」分離出，主要領導者有蔣渭水、林獻堂、蔡培火。
1928	昭和三年	● 「臺灣工友總聯盟」成立於臺北，為「臺灣民眾黨」內蔣渭水一派所支持的工人運動組織，共結合二十九個勞工團體。
		● 臺北帝國大學創立，初設文政、理農學部，並併臺北高等農林學校為附屬農林部，首任校長為幣原坦，為日本時代臺灣唯一一所綜合大學。
		● 謝雪紅等人在上海成立「臺灣共產黨」，主張推翻日本帝國統治、臺灣民族獨立、建臺灣共和國。
		● 「臺北放送局」成立，臺灣開始有廣播可聽。
		● 伊能嘉矩《臺灣文化誌》出版。
1929	昭和四年	● 「赤島社」成立，為結合北部「七星畫壇」、南部「赤陽會」，合併而成的新民間美術團體。
		● 「臺灣建築會」成立，會長為總督府營繕課長井手薰，同年發行機關刊物《臺灣建築會誌》。
		● 黃海岱創「五洲園」布袋戲班。
		● 矢內原忠雄《帝國主義下的臺灣》發行。
1930	昭和五年	● 黃石輝發表〈怎樣不提倡鄉土文學〉一文，引發「鄉土文學」論戰，主要在爭論應以中國白話文或臺灣話文來書寫鄉土文學。林獻堂、蔡培火等右派人士自「臺灣民眾黨」脫離，另組「臺灣地方自治聯盟」。
		● 「霧社事件」爆發，賽德克族馬赫坡社頭目莫那魯道，趁舉行運動會之際，率領族人出草，有一三四名日人被殺，總督府派出大批軍警討伐，甚至派出飛機轟炸，原住民傷亡慘重。
		● 「史蹟天然紀念物調查會」成立，旨在調查與保護臺灣之歷史及自然景物。
		● 臺北帝大土俗人種學教授移川子之藏在墾丁進行考古工作，為臺灣第一次考古挖掘。

1931	昭和六年	● 霧社事件後原住民被強制居住的「保護番收容所」，被道澤群所攻擊，二百多人被殺，剩餘的人轉被安置於川中島。
		●「部落振興運動」開始推行，各地出現「振興會」、「同榮會」等，主要目的在改善農村經濟、振興社會教化。
		● 李天祿於大稻埕創立「亦宛然掌中劇團」。
		●「高雄港勢展覽會」舉辦，為慶祝高雄州廳新建築落成，展期五天，共有五個會場。
1932	昭和七年	● 臺北草山水道系統完工。
		●《臺灣府城教會報》名稱多次更迭，本年併《教會新報》等，改名為《臺灣教會公報》，發行至今。
		● 臺北「菊元商行」開幕，為臺灣第一家百貨公司。一週後，臺南「林百貨店」亦開幕。
1933	昭和八年	●「臺灣藝術研究會」在東京成立，發行《福爾摩沙》雜誌。
		●「臺灣國立公園委員會」成立，一九三七年正式決定將大屯、新高、次高、阿里山設為國立公園預定地。
		● 施乾所設收容乞丐之「愛愛寮」，改為財團法人「愛愛救濟院」。
1934	昭和九年	●「臺灣文藝聯盟」於臺中成立，為全島性的藝文組織，其機關誌為《臺灣文藝》。
		● 日月潭水力發電計畫完工，正式開始供電。
		● 林獻堂等人決議停止「臺灣議會設置請願運動」。
		● 陳進以作品「合奏」入選「帝展」，成為臺灣獲選帝展女畫家第一人。
1935	昭和十年	● 新竹臺中大地震，規模 7.1，震央位於今苗栗鯉魚潭水庫一帶，死亡人數高達三二七九人，受災總人數高達三十五萬人，為臺灣史上傷亡最慘重之地震。
		●「熱帶產業調查會」成立，為臺灣的工業化及南進政策做準備。
		● 第一屆「臺陽美展」於臺灣教育會館舉行，展出陳澄波、楊三郎等人畫作，為民間最具規模的美術展覽會。
		● 舉辦「始政四十年紀念博覽會」，以臺北為核心，全島為展場，共設三十九個展覽館，展期五十天。
		● 臺灣進行第一次地方（市、街、庄）議員選舉。
		● 三菱在高雄設「日本鋁業工業株式會社」，為高雄規模最大

1936	昭和十一年	● 小林躋造就任第十七任臺灣總督，為一九一九年改為文官總督以後，第一任武官總督。
		● 「臺灣都市計畫令」公布，引進日本本土已發展的「都市計畫」概念，使過去從事之市區改正與計畫有法令基礎。
		● 臺北帝大增設醫學部，並合併總督府醫學專門學校為附屬醫學專門部，以熱帶疾病為研究重點。
		● 「臺灣拓殖株式會社」成立，以開發臺灣農業及工業，提供南進事業之資金為目的。
		● 「臺北飛行場」（松山機場前身）完工。
1937	昭和十二年	● 「皇民化運動」開始推行，因七七事變爆發後，為配合日本「國民精神總動員」，而推行一連串講日語、改日本姓氏、接受日本神道信仰等運動。
		● 總督府下令各報漢文欄停刊。
		● 總督府設立「國民精神總動員本部」，有臺灣人軍夫被徵調至中國戰場。
1938	昭和十三年	● 「國家總動員法」於臺灣實施，進行物資管制、發起義務勞動、推行強迫儲蓄。
		● 「臺北測候所」升格為「總督府氣象臺」，總管全臺之氣象、地震觀測。
1939	昭和十四年	● 總督府為配合戰時體制，宣布「皇民化」、「工業化」、「南進基地化」等三大政策。
		● 「公會堂天文臺」成立，其中的望遠鏡為《臺灣日日新報》社四十週年慶時所捐贈。
		● 李友邦在浙江成立「臺灣義勇隊」，徵召在中國之臺灣人，參加對日抗戰。
		● 總督府中央研究所裁撤，下轄四部分別成立「農業試驗所」、「林業試驗所」、「工業研究所」、「熱帶醫學研究所」。
		● 臺北帝大成立「熱帶醫學研究所」，下設熱帶病、細菌血清等五個學科。
1940	昭和十五年	● 西川滿、黃得時等人創辦《文藝臺灣》雜誌。
		● 後宮信太郎捐資成立「財團法人南方資料館」，蒐集、保存南洋資料，配合總督府的南進政策。

1941	昭和十六年	● 小學校、公學校，一律改稱「國民學校」。
		● 「皇民奉公會」成立，為「皇民化運動」的推行機構，由臺灣總督擔任總裁，於州廳、郡、街庄設支部、支會、分會，最小單位為十戶組成一個奉公班，全臺民眾皆納入其中。
		● 金關丈夫等人發行《民俗臺灣》，由物質、社會、精神、語言四方面採集與研究，為保留臺灣民俗資料的重要刊物。
		● 張文環等臺籍作家離開《文藝臺灣》，另創《臺灣文學》。
		● 總督府設「臺灣映畫協會」，製作、發行皇民化電影或宣傳短片。
		● 日軍偷襲珍珠港，太平洋戰爭爆發。
1942	昭和十七年	● 實施志願兵制度，第一批臺灣陸軍志願兵入伍。原住民亦組成志願兵「高砂義勇隊」，被派往菲律賓等地作戰。
		● 總督府成立「臺灣興行統制會社」，所有演藝活動、電影等，均需由會社統一調配上映日期及地點。
		● 「皇民奉公會指定演劇挺身隊」成立，演出「皇民劇」。
		● 《總督府警察沿革誌》發行。
1943	昭和十八年	● 實施六年制義務教育。
		● 「厚生演劇研究會」成立，負責人為王井泉，成員有張文環、呂赫若等人。
		● 臺北帝大「附屬農林專門部」獨立另設「臺中高等農林學校」（中興大學前身），增設工學部，新設「南方人文」、「南方資源科學」兩個研究所。
		● 實施海軍志願兵制度。
1944	昭和十九年	● 《文藝臺灣》與《臺灣文學》皆併入《臺灣文藝》，由皇民奉公會發行，成為總督府的政治傳聲筒。
		● 總督府將六家報紙《臺灣日日新報》、《臺灣新聞》、《臺南新報》、《興南新聞》、《東臺灣新報》、《高雄新報》合併為《臺灣新報》。
		● 為運送新竹山區的煤礦，「內灣線」鐵路開始興建。
1945	昭和二十年	● 臺灣全面實施徵兵制度。
		● 臺北市遭受美軍空襲，總督府亦受波及。
		● 美國在廣島、長崎投下兩顆原子彈後，日本天皇宣布終止戰爭。
		● 總督府在臺灣省行政長官公署陳儀與臺灣總督安藤利吉雙方見證下，進行各項交接與接收，以及日人遣返工作。

6

邁向多元民主社會

戰爭結束與中華民國政府接收

　　一九四五年八月，日本宣布無條件投降，結束了漫長的侵華戰爭與第二次世界大戰，同時日本在臺灣長達五十年的殖民統治也告終。隨著中華民國政府的接收，臺灣脫離殖民地處境，但遭受戰爭破壞與長期消耗後，滿目瘡痍，百廢待舉，只能一邊拖著疲憊步伐，一邊奮力邁向下個階段的發展。

　　歷經長期殖民統治與戰爭期間的皇民化運動，臺灣在社會、經濟、文化各方面，處處遺留著日本的影響。於是，臺灣省行政長官公署成立之後，開始推動各類消除日本遺風的政策，例如恢復人民漢文姓名、廢止報章雜誌日文專欄、鼓勵學習國語等。其中學習國語這一項，反應相當熱烈，許多臺灣青年更以學習國語與中國文化為風尚。

　　雖然政府與民間都努力消除長期分治下的鴻溝，但現實困境卻讓政府顯得力不從心，無法掌握適當方向。一開始，臺灣社會對中華民國

一九四五年八月，日本宣布無條件投降。同年十月二十五日，中華民國政府在臺北公會堂（今中山堂）舉行「中國戰區臺灣省受降典禮」。雙方代表分別為日本最後一任臺灣總督安藤利吉，以及臺灣省行政長官陳儀。

一九四六年五月，臺灣銀行發行臺幣（俗稱為「舊臺幣」），可與過去日本時代發行的臺灣銀行券進行一比一兌換。第一批臺幣發行時，有壹、伍、拾元的面額，然而隨著戰後社會經濟蕭條、物資短缺，最後引發了惡性通貨膨脹，臺幣幣值大幅貶值，為了恢復經濟秩序，一九四九年四月，臺灣銀行發行新臺幣，明訂四萬元舊臺幣兌換一元新臺幣，舊臺幣從此走入歷史。圖為臺灣銀行分別於一九四七、一九四八年發行的壹百元、壹萬元的舊臺幣。

政府抱有相當高的期待，不料戰後社會經濟蕭條、物資短缺、通貨膨脹，再加上官員貪汙腐化，嚴重削弱政府的形象與威信，使得官民矛盾不斷累積升溫，最後，在一九四七年二月二十七日，一場取締私菸的事件，次日竟引爆了蔓延全島的二二八事件。隨後，又因政府採取強硬的武力鎮壓措施，導致臺籍菁英與民眾對政治的長期冷漠，以及難以弭平的省籍對立情結。

一九四七年，由於一場取締私菸的事件，引爆了蔓延全島的二二八事件。因政府採取了強硬的武力鎮壓措施，導致臺籍菁英與民眾對政治議題的長期冷漠，以及難以弭平的省籍對立情結。圖為豎立在臺北市二二八和平公園內的二二八紀念碑。

海峽兩岸的國共長期對峙，使得位居前線的金門、馬祖地區長期籠罩在戰爭的緊張氣氛中。圖為一九五九年，總統蔣中正在金門戰區巡視先鋒演習部隊。

冷戰下的臺灣

　　二戰結束後，國共內戰再次爆發。由於共產黨取得優勢，中華民國政府被迫於一九四九年帶領一百多萬軍民播遷來臺。而美國在調解國共內戰不成的情況下，也改變其對華政策，放棄支持中華民國政府對抗中國共產黨，使得臺灣情勢岌岌可危，隨時有遭受共軍渡海攻擊的可能。所幸韓戰於隔年爆發，迫使美國再次調整戰略，將臺灣納入西太平洋地區的反共前線，並派遣第七艦隊協防臺灣海峽，讓臺灣局勢得以轉危為安。

　　為了防止共產黨滲透並維持臺灣社會秩序，臺灣省主席兼警備總司令陳誠於一九四九年五月十九日宣布臺灣省全境實施戒嚴，限制人民集會遊行、言論等憲法所賦予的權利，以達到鞏固反共基地的目的。同時，又頒布動員戡亂時期臨時條款等法令，構築起臺灣戰後初期疊床架屋的各種管制法令。

　　國際冷戰中兩大陣營的對立，加上國共對峙的現實安危，形成了臺

反攻大陸
建設臺灣
消滅朱毛
驅逐俄寇

松青野林若水·編

1644

本票憑優待換票證
換購者須憑證件查驗
中途下車餘程無效

精誠團結，
莊敬自強！

1644

6512

本票憑優待換票證
換購者須憑證件查驗
中途下車餘程無效

反攻勝利第一！，

6512

3488

自暴自政
由政必必
勝亡，

3488

4146

D
記運行李無效
D

單獨儉用無效！，
解放同胞！
打倒同大變，

4146

國際冷戰中兩大陣營的的對立，加上國共對峙的現實安危，形成了臺灣長達近三十⋯⋯的「反共抗俄」社會氛圍。政府透過標語、口號，在各種管道積極宣導，以期將反⋯思想落實到各個社會角落。（左上圖）郵政總局發行的新婚賀卡的背面「反共」標語（⋯臺灣歷史博物館藏品）、（右上圖）配合反共宣傳的《反共抗俄歌曲集》（國立臺灣歷史⋯

（上圖）美國對中華民國政府的援助（俗稱「美援」）始於一九四八年，對於戰後臺灣的復原工作、基礎建設工程，以及經濟的穩定和成長貢獻良多。圖為印有「美國人民捐贈」字樣的美援麵粉袋。（左下圖）經過土地改革和一系列的農業振興方案後，臺灣的農業生產和農民生活水準都獲得顯著的提升。圖為當時的肥料配合圖表，以簡單的圖案和圖表，讓農民了解各種肥料混合的使用效果。（右下圖）一九六四年竣工的石門水庫，是臺灣第一座多功能水庫，兼具灌溉、發電、防洪、公共給水、觀光等功能，同時也解決了桃園臺地過去「看天田」的農業灌溉問題。圖為宣導石門水庫興建效果的海報（以上皆為國立臺灣歷史博物館藏品）。

灣長達近三十年的「反共抗俄」社會氛圍。政府透過教育、媒體積極宣導下，反共思想深入社會各個角落，成為此時政治、社會發展的主軸與社會關注的共同焦點，無論報章雜誌、廣播電臺，或者機關團體，都反覆出現反共、保密防諜的口號。

此時臺灣的文教事業，同樣瀰漫著反共思想。尤其在一九六六年，中共推動大肆破壞傳統文化的文化大革命後，引起世界關注，政府遂在原有的「去日本化、再中國化」的文化政策之後，進一步推動「中華文化復興運動」，以與對岸互相抗衡。這一文化復興運動，除了提倡民族精神教育、推行國語、弘揚儒家文化以外，也同時強調中華民國的歷史正統地位，並在學校教材中，加強學生對國族文化及政府政策的認同。

臺灣經濟起飛

戰後臺灣經濟蕭條、物價飛漲、民生困苦，為了維護社會安定，政府利用戰後美國的經濟援助，優先推動幣制改革，控制嚴重的通貨膨脹問題。同時，又推動土地改革，振興農業，穩定人民最基礎的糧食需求。這兩方面的成功，成為臺灣日後各種經濟改革的重要基礎。

自一九四九年起，政府先後推出「三七五減租」、「公地放領」、「耕者有其田」等一系列土地改革政策，藉以提高自耕農比例，增加農業生產積極性，緩和社會矛盾。在良性的循環下，這些政策間接促使農村剩餘勞動力流向工業勞力市場；同時透過債券、股票補償地主損失的方式，又等於促使土地資本轉化成工業資本，投入臺灣新興工業的發展。

另一方面，為了解決來臺的大量新移民的糧食供給問題，政府遂援

一九四九年起，政府先後推出「三七五減租」、「公地放領」、「耕者有其田」等一系列土地改革政策。圖為土地改革的宣傳海報（秋惠文庫藏品）。

引早期福建地區實施之「田賦徵收實物」辦法，配合「肥料換穀」等政策，充分掌握糧食之供需，有效降低缺糧所可能帶來的動盪不安。

　　經過幾番的土地改革，以及一系列的農業振興方案，臺灣的農業生產與農民生活水準，都獲得顯著的提升。這讓政府更有空間，可以利用農產品及農業加工品的出口所得，購買工業發展所需的原料與機械設備，推動以農業發展工業的經濟方針。

　　一九六〇～七〇年代，臺灣在專業經濟技術官僚的主導下，運用不甚充裕的資源與美援物資，先後以「進口替代」與「出口導向」為策略，努力滿足島內需要，並推動外銷，賺取外匯。先是發展勞力密集的民生工業，如紡織、食品等產業，然後設立加工出口區，吸引投資，最後則普遍推行家庭代工。靠著臺灣勤奮、高素質的優秀勞工，慢慢崛起成為世界代工大國。

　　靠著長期代工所累積的生產經驗，臺灣逐漸由發展代工，轉向自創品牌。在一九七〇～八〇年代，如遊艇、腳踏車等許多產業的臺灣品

十項建設郵票

（上圖）十大建設是一九六〇年代末至一九七〇年代政府所推動的基礎建設，其中包含了六項交通建設、三項重工業建設，以及一項能源供應建設。圖為一九八〇年郵政總局發行的十大建設郵票。

（下圖）一九七〇～八〇年代，臺灣的遊艇、腳踏車等許多產業的品牌，漸漸的在國際間嶄露頭角，在世界占有一席之地。圖為臺灣自行車大廠捷安特，在二〇一〇年歐洲自行車展覽上的攤位（中央社提供）。

尊嚴 活力 大建設

李 登 輝
連 戰

②

懇請賜票

（上圖）一九八七年七月十四日，臺灣本島、澎湖群島及其它附屬島嶼正式宣布解除戒嚴令，同年十一月開放國人赴大陸探親。圖為當時的內政部長吳伯雄，於當年十月十五日召開記者會，宣布開放大陸探親（中央社提供）。

（下圖）一九九六年，臺灣舉行首屆的總統直接民選，由國民黨候選人李登輝、連戰，當選中華民國第九任總統、副總統。圖為當時總統選舉的候選人宣傳單（國立臺灣歷史博物館藏品）。

牌，漸漸嶄露頭角，在世界上占有重要地位。至一九八○年代，進一步創立新竹科學園區，發展高科技工業，更是臺灣產業升級的重要里程碑。它不但讓臺灣躍升為世界電子科技產品的重要生產基地，也大大提高高科技產品的出口比例，成為日後臺灣經濟發展的主要支柱。

在工業不斷發展的同時，臺灣農業也逐漸朝向精緻化、高科技、高價值方向邁進。尤其在品種培育、生產管理及加工技術等方面，都有巨大的突破與開展。另外，服務、旅遊等文化產業，這十幾年來也在全臺各地蓬勃發展，每個鄉鎮都在積極開發屬於自己的文化、觀光特色。

解嚴與民主化

一九六○年代後期，在「反攻大陸」的現實可能性越來越小的情況下，政府開始拔擢臺籍菁英分子，擔任行政要職，並鼓勵青年學子談論國是，慢慢開放民眾參政尺度，並將政黨組織導向在地化發展。

一九七○年代以後，臺灣經濟起飛，教育普及，人民生活水準與智識大幅提升，帶動了參與政治的熱情。於是，不斷有人呼籲解除戒嚴，並廢止各種限制人民基本權利的法令。經過一次次的角力折衝，政府先是放寬戒嚴執行尺度，緩和矛盾，降低衝擊，一九八七年七月十四日，正式宣布解除戒嚴令，使得原先充滿爭議的黨禁、報禁，與禁赴大陸探親等問題，獲得解決。此一勇於面對歷史的決定，為臺灣邁向民主道路的過程，豎立一座重要的里程碑。

隨後，政府又在一九九一年宣布終止「動員勘亂時期臨時條款」，同年完成國會全面改選，一九九四年舉行首屆省長民選。一九九六年更完成首屆的總統直接民選，結果由國民黨候選人李登輝、連戰，當選中華民國第九任總統、副總統。四年後，民主進步黨候選人陳水扁、

二〇〇〇年，民主進步黨候選人陳水扁、呂秀蓮，當選中華民國第十任總統、副總統，臺灣首次以和平方式完成政權轉移。圖為中華民國第十任總統、副總統就職大典，卸任的總統李登輝於典禮上發表簡單的談話，祝福中華民國國運昌隆（中央社提供）。

呂秀蓮也當選為中華民國第十任總統、副總統，臺灣終於首次以和平方式完成政權轉移。八年後，國民黨馬英九、蕭萬長勝選，政權再度轉移，臺灣政黨政策至此可謂已達成熟階段，為華人世界民主政治的先鋒與典範。

眾聲喧嘩

　　一九八七年解除戒嚴後，各種社會運動風起雲湧，其中，文化議題是非常重要的一環。由於戰後初期的文化政策，過度傾向政治考慮，以致抑制了臺灣多元文化的發展空間。例如，臺灣社會向來存在著好幾種語言，但文化政策獨尊國語，未能兼顧，且壓抑了本土語言發展，

臺東卑南族的「還我土地」運動。二〇〇六年十一月，五、六百名的卑南族人，在立法委員的帶領下，高舉標語布條，前往臺東初鹿牧場宣示自然主權（中央社提供）。

在都市化的發展過程中，造成族群語言逐漸流失，與使用母語人數降低等負面效果。

在這方面，客家社團首先發動「還我母語運動」，以遊行示威、發行刊物、組織文化社團等方式，爭取客家文化、語言及自我認同的復興。原住民社群也繼客家社團之後，提出原住民正名、恢復傳統姓名等文化訴求，期望重新建立及延續原住民的傳統文化。

為因應國內各族群的新興文化訴求，政府先後設立了原住民委員會與客家委員會，處理日漸熱絡的相關事務，並鼓勵島內各族群文化的平等發展。例如，揚棄既有的「山胞」稱呼，改稱為「原住民」，推動各種母語認證，開放原住民申請恢復傳統姓名等政策。

另一方面，中華民國政府遷臺之初，為了安頓大量隨政府來臺的外

隨著人口老化、青壯人口流失，以及遷村改建等問題，眷村文化在臺灣已經逐漸消失。圖為今日臺北市信義區的四四南村，大部分的建築已遭到拆除，保留下來的房舍則以信義區公民會館和文化公園重現（中央社提供）。

省籍移民，曾依照軍種、職業、單位等不同，規劃許多集中居住的社區，也就是後來所謂的「眷村」。眷村的設立，雖然減少了大批新移民對原有社會的衝擊，但無形中也減少了眷村與其他區域的文化交流。不過，全臺各地的眷村在特殊的時代氛圍下，融合各省文化於一爐，逐漸形成凝聚力強，而且生活情調別具一格的眷村文化。如今的眷村，因為面臨人口老化、青壯人口流失，以及遷村改建等問題，所以社會也不斷出現保護眷村文化的呼聲，成為臺灣多元文化發展的一環。

此外，一九九〇年代以後，臺灣的新移民快速增加，主要來自中國大陸與東南亞國家。他們因為工作或者婚姻，成為臺灣社會的一分子，也為臺灣注入新的文化養分。從過去的臺灣歷史來看，新移民的定居及其下一世代的登場，必然會為臺灣文化的更新與變化，帶來新的動力與內涵。

1945	民國三四年	● 8 月 15 日，日本裕仁天皇宣布，向中、英、美、蘇四國無條件投降。
		● 10 月 25 日，中日雙方在臺北市公會堂（今中山堂）舉行臺灣受降典禮。臺灣省行政長官公署正式開始運作，陳儀為第一任長官。
		● 11 月 1 日，臺灣省行政長官公署開始進行各項行政接收，另設立「接收委員會」負責產業接收。
1946	民國三五年	● 3 月 1 日，實施交通行車「靠右走」規定。
		● 4 月 2 日，「臺灣省國語推行委員會」成立。
		● 5 月 1 日，日本在臺生產事業接收完畢，改組成立為石油、鋁業、糖業、電力、紙業、肥料、水泥、機械、製鹼等各項事業之公營企業。
		● 10 月 25 日，廢除報章雜誌日文版。
1947	民國三六年	● 1 月 1 日，「中華民國憲法」經國民大會通過後公布。
		● 2 月 27 日，臺灣省專賣局臺北分局緝私員因取締私煙引發民眾衝突，導致煙販及民眾死傷。
		● 2 月 28 日，緝煙事件引發群眾動亂，事態擴大，蔓延全臺，稱為「二二八事件」。
		● 3 月 2 日，臺灣本土菁英成立「二二八事件處理委員會」，意圖調停平息事件。
		● 3 月 8 日，臺灣行政長官公署宣布「二二八事件處理委員會」為非法組織，國軍增援部隊陸續到達。
		● 3 月 10 日，全臺戒嚴，軍隊開始清鄉，民眾死傷慘重。
		● 5 月 16 日，臺灣省政府成立，魏道明擔任第一任省主席。
		● 12 月 25 日，中華民國憲法生效，開始行憲。
1948	民國三七年	● 5 月 20 日，蔣中正、李宗仁就任第一任中華民國總統、副總統。
		● 7 月 1 日，「美援運用委員會」（美援會）成立，專司美國對中華民國的經濟援助計畫。
		● 9 月，「臺灣省政府化學肥料配銷辦法」公布，米穀和肥料的交換比例由政府決定，並非依據市場價格。
		● 10 月 1 日，「中國農村復興聯合委員會」（農復會）成立，致力於發展農村經濟。

1949	民國三八年	● 1月5日，陳誠任臺灣省主席兼任警備總部總司令，強化政府對臺灣的控制，為政府遷臺預做準備。
		● 2月4日，臺灣省宣布實施「三七五減租」，揭開「土地改革」的序幕。
		● 5月20日，臺灣省主席兼警備總部總司令陳誠宣布臺灣地區戒嚴。
		● 6月15日，新臺幣發行，舊臺幣四萬元兌換新臺幣一元。
		● 6月21日，實施「懲治叛亂條例」及「肅清匪諜條例」，進行肅清匪諜行動。
		● 8月5日，美國發表「中美關係白皮書」（The China White Paper），指出政府應對國共戰爭失敗負起責任，同時美國停止對政府的軍事援助。
		● 10月，金門古寧頭戰役爆發。
		● 11月20日，雷震籌設的《自由中國》雜誌創刊。
		● 12月9日，中華民國政府遷往臺北辦公。
		● 12月21日，吳國楨出任臺灣省主席兼保安總司令。
1950	民國三九年	● 3月1日，蔣中正在臺灣「復行視事」。
		● 6月25日，韓戰爆發。
		● 6月27日，杜魯門發表「臺灣海峽中立化」宣言，命令美軍第七艦隊巡防臺灣海峽。
		● 8月16日，行政區劃調整為五市十六縣，同年進行多項地方公職選舉。
1951	民國四十年	● 1月，美國恢復對臺軍事援助。
		● 5月1日，美國「軍事技術援助團」（或稱美軍顧問團）成立，美國陸軍少將蔡斯（W. Chase）任首任團長。
		● 5月25日，立法院通過「三七五減租條例」，6月7日公布施行，追認三七五減租政策之法律依據。
		● 5月30日，立法院通過公地放領辦法。
		● 7月25日，中華民國政府遷臺後首度頒布「徵兵令」。
1952	民國四一年	● 2月4日，農復會在農村推行「四健會」農村組織和教育方法。
		● 4月28日，簽訂中日和平條約，正式結束兩國戰爭狀態。
		● 10月31日，「中國青年反共救國團」成立，蔣經國為首任主任。

1953	民國四二年	● 1 月 1 日，政府實施第一次「四年經濟建設計畫」，陸續推動經濟建設計畫，積極有效運用美援，提高工業化程度。
		● 1 月 27 日，西螺大橋通車。
		● 4 月 24 日，臺灣省政府公布「耕者有其田」的實施辦法。
		● 7 月 27 日，韓戰結束。
1954	民國四三年	● 1 月 30 日，大法官會議「釋字 31 號解釋文」，以國家發生變故為由，立法院與監察院不能辦理次屆選舉時，由原任委員延任，形成所謂「萬年國會」。
		● 3 月 14 日，九族原住民名稱由內政部正式核定，分別為泰雅、賽夏、布農、鄒、魯凱、排灣、卑南、阿美、雅美。
		● 9 月 3 日，中共大舉砲擊金門。
		● 11 月 1 日，「行政院國軍退除役官兵就業輔導委員會」成立。
		● 12 月 3 日，簽署「中美共同防禦條約」。
1955	民國四四年	● 2 月 5 日，國軍放棄大陳島。
		● 8 月 20 日，孫立人遭解職，此後被軟禁達三十三年，史稱「孫立人事件」。
1956	民國四五年	● 7 月 26 日，本年度開始實施大專聯考制度。
		● 9 月 16 日，政府首度實施戶口普查。
1957	民國四六年	● 6 月 15 日，臺灣第一座塑膠原料工廠，臺灣塑膠工業公司高雄廠開工。
		● 10 月 8 日，授與榮民土地的「戰士授田」政策，首度於宜蘭大同農場實施。
		● 11 月 5 日，《文星雜誌》創刊。
1958	民國四七年	● 5 月 15 日，臺灣警備總司令部正式成立，原臺北衛戍總部、臺灣省防衛總部、臺灣省保安司令部、民防司令部等四單位隨之撤銷。
		● 8 月 7 日，八七水災臺灣中南部災情慘重。
		● 8 月 23 日，八二三砲戰。
1960	民國四九年	● 3 月 21 日，國民大會修正「動員戡亂時期臨時條款」，凍結《憲法》對總統連任之限制，蔣中正當選第三屆總統。
		● 4 月 26 日，中部橫貫公路通車。
		● 6 月 18 日，美國總統艾森豪抵臺訪問。

1962	民國五一年	● 2 月 9 日，證券交易所正式開業。
		● 10 月 10 日，臺灣電視公司（臺視）開播。
1964	民國五三年	● 6 月 14 日，石門水庫竣工。
		● 9 月 20 日，彭明敏等因計劃印發「臺灣人民自救運動宣言」
		而被捕。
1965	民國五四年	● 5 月 14 日，「臺灣共和國臨時政府大統領」廖文毅由日返臺，
		聲明放棄臺獨。
		● 6 月 30 日，美國終止對臺經援計畫。
		● 12 月 2 日，瘧疾撲滅成功。
1966	民國五五年	● 12 月 3 日，臺灣第一個加工出口區在高雄成立。
1967	民國五六年	● 7 月 1 日，臺北市改制為院轄市。
		● 7 月 28 日，「中華文化復興運動推行委員會」舉行發起人大會。
1968	民國五七年	● 9 月 1 日，九年國民義務教育開始實施。
1971	民國六十年	● 10 月 26 日，臺灣退出聯合國。
1972	民國六一年	● 9 月 29 日，政府與日本斷交。
1973	民國六二年	● 1 月 9 日，臺灣省糧食局公布廢止肥料換穀辦法。
		● 12 月 16 日，蔣經國宣布「十大建設」計畫。
1975	民國六四年	● 4 月 5 日，蔣中正逝世，嚴家淦繼任總統職位。
		● 8 月 1 日，《臺灣政論》創刊，開黨外雜誌之先河。
1976	民國六五年	● 9 月 1 日，人力三輪車禁止上路。
1977	民國六六年	● 8 月 17 日，作家彭歌在《聯合報》副刊為文批評鄉土文學，
		掀起「鄉土文學論戰」。
		● 11 月 19 日，因桃園縣長選舉過程出現作票弊端，引起群眾
		不滿，爆發「中壢事件」。

1978	民國六七年	● 5 月 20 日，蔣經國、謝東閔就任第六任總統、副總統。
		● 10 月 31 日，中山高速公路全線通車，總長三百七十三公里。
		● 12 月 16 日，政府與美國斷交。蔣經國發布緊急命令，停辦臺灣地區立法委員及國民大會代表選舉。
1979	民國六八年	● 1 月 9 日，開放出國觀光。
		● 2 月 26 日，桃園中正國際機場正式啟用。
		● 4 月 10 日，美國「臺灣關係法」生效，承諾提供臺灣防禦性武器，確保臺海兩岸軍事平衡與和平穩定。
		● 6 月 1 日，康寧祥等人創辦《八十年代》月刊。
		● 7 月 1 日，高雄市升格為院轄市。
		● 8 月，黃信介等人創辦《美麗島》雜誌。
		● 11 月，臺灣第一座核能發電廠舉行竣工典禮。
		● 12 月 10 日，「美麗島事件」爆發，事件爆發後黨外領導人陸續被捕。
1980	民國六九年	● 2 月 1 日，北迴鐵路通車。
		● 12 月 15 日，新竹科學工業園區揭幕。
1982	民國七一年	● 7 月，蔣經國提出對中共的「三不政策」：不接觸、不妥協、不談判。
1984	民國七三年	● 5 月 20 日，蔣經國、李登輝就任第七任總統、副總統。
		● 8 月 1 日，「勞動基準法」開始實施，勞工的生存權與工作權獲得法律的保障。
1986	民國七五年	● 9 月 28 日，民主進步黨成立，政府保持不承認、不取締的態度。
1987	民國七六年	● 1 月 13 日，內政部取消一貫道禁止傳教的命令。
		● 7 月 15 日，臺、澎地區解嚴。
		● 7 月 15 日，臺灣人口總數突破二千萬大關。
		● 10 月 14 日，政府宣布開放大陸探親。
1988	民國七七年	● 1 月 1 日，解除報禁，解除報紙張數、媒體數量的限制。
		● 1 月 13 日，蔣經國去世，李登輝繼任總統。
		● 5 月 20 日，中南部農民在臺北街頭請願遊行，演變成流血衝突的「五二〇事件」。

1990	民國七九年	● 1月3日，戰士授田憑據處理條例草案經立法院通過，翌年開始憑據補償發放作業。
		● 3月16日，「野百合三月學運」，大專院校學生在中正紀念堂靜坐絕食抗議，要求「解散國民大會」、「廢除臨時條款」等四大訴求。
		● 5月20日，李登輝就任第八任總統。
1991	民國八十年	● 2月8日，處理兩岸交流事務的財團法人海峽交流基金會（海基會）成立。
		● 2月23日，國家統一委員會通過「國家統一綱領」。
		● 5月1日，宣布「動員戡亂時期」終止。
		● 5月17日，立法院通過廢止「懲治叛亂條例」。
		● 5月20日，「五二〇遊行」，要求廢除刑法第100條。
		● 7月1日，「國家建設六年計畫」開始實施。
		● 12月31日，老國代、老立委、老監委全數退職，「萬年國會」終結。
1992	民國八一年	● 10月5日，南迴鐵路通車，環島鐵路網形成。
		● 11月7日，金馬解除戰地政務，回歸地方自治。
1993	民國八二年	● 4月27日，海基會董事長辜振甫和海協會（中華人民共和國海峽兩岸關係協會）會長汪道涵進行會談，「辜汪會談」首次在新加坡召開。
1994	民國八三年	● 10月5日，立法院通過大專聯考廢考「三民主義」的決議。
		● 12月3日，「省縣自治法」、「直轄市自治法」施行後，舉行首屆民選省長、院轄市長選舉。
		● 12月29日，考試院宣布下年度起國家考試廢考「國父遺教」、「三民主義」。
1995	民國八四年	● 3月1日，全民健康保險正式開辦。
1996	民國八五年	● 3月23日，首次總統直選，李登輝、連戰當選。
1998	民國八七年	● 12月21日，「臺灣省政府暫行組織規程」正式生效，「凍省」開始。
1999	民國八八年	● 9月21日，「九二一地震」，造成臺中、南投地區損失慘重，全臺死亡人數超過二千人。

2000	民國八九年	● 3 月 18 日，陳水扁、呂秀蓮當選中華民國第十任總統、副總統。
2002	民國九一年	● 1 月 1 日，以「臺澎金馬獨立關稅領域」為名加入世界貿易組織（WTO）。
2004	民國九三年	● 1 月 11 日，福爾摩沙高速公路（國道三號）全線通車。 ● 3 月 20 日，陳水扁、呂秀蓮當選中華民國第十一任總統、副總統。
2007	民國九六年	● 1 月 5 日，高速鐵路通車。
2008	民國九七年	● 3 月 20 日，馬英九、蕭萬長當選中華民國第十二任總統、副總統。
2009	民國九八年	● 8 月 8 日，南部發生「八八水災」，造成嚴重傷亡。
2010	民國九九年	● 11 月 27 日，舉行五都改制後的首次選舉。臺北市、新北市（原臺北縣）、臺中市（原臺中縣市）、臺南市（原臺南縣市）、高雄市（原高雄縣市）選出新任市長與市議員。

延伸閱讀書目

通論

- 王育德著，黃國彥譯《臺灣苦悶的歷史》（臺北市：前衛，2000）。
- 史明，《臺灣人四百年史》（洛杉磯：蓬島文化，1980）。
- 伊能嘉矩著，臺灣省文獻委員會編譯，《臺灣文化志》（臺中市：臺灣省文獻委員會，1991）。伊能嘉矩，《臺灣文化志》（東京市：刀江書院，1928）。
- 吳密察編，《唐山過海的故事：臺灣通史》（臺北市：時報，1998）。
- 李國祁編，《臺灣近代史》（南投市：臺灣省文獻委員會，1995-1997）。
- 周婉窈，《臺灣歷史圖説（增訂本）》（臺北市：聯經，2009）。
- 盛清沂、王詩琅、高樹藩編著，《臺灣史》（臺北：眾文，1998）。
- 許雪姬等，《臺灣歷史辭典》（臺北市：行政院文化建設委員會，2006）。
- 連雅堂，《臺灣通史》（臺北市：黎明文化，2001）。
- 陳國棟，《臺灣的山海經驗》（臺北市：遠流，2005）。
- 遠流臺灣館編著，《臺灣史小事典》（臺北市：遠流，2002）。

史前時代

- 何傳坤，《臺灣的史前文化》（臺北縣新店市：遠足文化，1994）。
- 呂理政，《遠古臺灣的故事：認識臺灣的史前文化》（臺北市：南天，1997）。
- 宋文薰，《長濱文化：臺灣首次發現的先陶文化》（臺北市：中國民族學會，1969）。
- 金關丈夫、國分直一，譯繼山譯，《臺灣考古誌：光復前後時期先史遺跡研究》（臺北市：武陵，1990）。金關丈夫、國分直一，《臺灣考古誌》（東京都：法政大學，1979）。
- 李王癸，《臺灣南島民族的族群與遷徙》（臺北市：常民文化，1997）。
- 屈慧麗，《城市考古：隨筆與論述》（臺中市：國立自然科學博物館，2009）。
- 張光直，〈臺灣考古的重要性〉，《臺灣風物》第 22 卷第 3 期，頁 37-40。
- 張光直，《考古人類學隨筆》（臺北市：聯經，1995）
- 陳有貝，《再現臺灣 001．臺灣的史前時代》（臺北市：暢談文化，2006）。
- 鹿野忠雄著，宋文薰譯，《臺灣考古學民族學概觀》（臺北市：臺灣文獻委員會，1955）。
- 臧振華，《十三行的史前居民》（臺北縣八里鄉：臺北縣立十三行博物館，2001）。
- 臧振華，《臺灣考古》（臺北市：行政院文化建設委員會，1999）。
- 臧振華、李匡悌、朱正宜，《先民履跡：南科考古發現專輯》（臺南縣新營市：臺南縣政府，2006）。
- 劉克竑，〈與臺灣史前人相遇〉，《文化視窗》2003 年 11 月，頁 24-30。
- 劉益昌，《臺灣的史前文化與遺址》（南投市：臺灣省文獻委員會，1996）。
- 劉益昌，《臺灣的考古遺址》（臺北縣板橋市：臺北縣立文化中心，1992）。

早期臺灣史

- 中村孝志著，吳密察、翁佳音編，《荷蘭時代臺灣史研究》（臺北縣板橋市：稻鄉，1997）。
- 甘為霖原著，李雄揮譯，《荷據下的福爾摩莎》（臺北市：前衛，2003）。William Campbell, *Formosa under the Dutch. described from contemporary records, with explanatory notes and a bibliography of the island.* London: Kegan Paul, Trench, Trubner & Co., 1903.
- 江日昇，《臺灣外記》（臺北市：臺灣銀行，1960）。
- 江樹生譯註，《熱蘭遮城日誌》（臺南：臺南市政府，1999、2002、2004、2010）。*De Dagregisters van het Kasteel Zeelandia, Taiwan 1629-1662.*
- 呂理政、魏德文主編，《經緯福爾摩沙：16-19 世紀西方繪製臺灣相關地圖》（臺北市：南天，臺南：國立臺灣歷史博物館，2006）。
- 李毓中編著，《西班牙人在艾爾摩莎》（臺北市：臺灣與西班牙文化交流協會，臺北市：南天書局，2006）。
- 林田芳雄，《鄭氏臺灣史：鄭成功三代の興亡實紀》（東京都：汲古書院，2003）。
- 翁佳音，《荷蘭時代臺灣史的連續性問題》（臺北縣板橋市：稻鄉，2008）。
- 康培德，《殖民接觸與帝國邊陲：花蓮地區原住民十七至十九世紀的歷史變遷》（臺北縣板橋市：稻鄉出版社，1999）。
- 曹永和，《臺灣早期歷史研究》（臺北市：聯經，1979）。
- 曹永和，《臺灣早期歷史研究續集》（臺北：聯經，2000）。
- 陳宗仁，《雞籠山與淡水洋：東亞海域與臺灣早期史研究 1400-1700》（臺北市：聯經，2005）。
- 陳國棟，《東亞海域一千年》（臺北市：遠流，2005）。
- 湯錦臺，《大航海時代的臺灣》（臺北市：貓頭鷹出版，2001）。
- 楊彥杰，《荷據時代臺灣史》（臺北市：聯經，2000）。
- 楊英，《從征實錄》（南投市：臺灣省文獻會，1995）。
- 臺灣銀行經濟研究室編輯，《鄭成功傳》（南投市：臺灣省文獻會，1995）。
- 歐陽泰著，鄭維中譯，《福爾摩沙如何變成臺灣府？》（臺北市：曹永和文教基金會，2007）。Tonio Adrade, *How Taiwan became Chinese: Dutch, Spanish, and Han colonization in the seventeenth century,* New York: Columbia University Press, 2008.
- 鮑曉鷗，《西班牙人的臺灣體驗（1626-1642）：一項文藝復興時代的志業及其巴洛克的結局》（臺北市：南天書局，2008）。José Eugenio Borao, *The Spanish experience in Taiwan, 1626-1642: the Baroque ending of a Renaissance endeavor.* Hong Kong: Hong Kong University Press, 2009.
- 韓家寶著，鄭維中譯，《荷蘭時代臺灣的經濟、土地與稅務》（臺北市：播種者文化，2002）。Pol Heyns, *Economy, land rights and taxation in Dutch Formosa.*

135

清治時期

- John Robert Shepherd, *Statecraft and political economy on the Taiwan frontier*, 1600-1800, Taipei, Taiwan: SMC Pub., 1995.
- 王世慶，《清代臺灣社會經濟》（臺北市：聯經，1994）。
- 必麒麟著，陳逸君譯，《歷險福爾摩沙》（臺北市：前衛，2010）。W. A. Pickering, *Pioneering in Formosa: recollections of adventures among mandarins, wreckers, & head-hunting savages*. Taipei, Taiwan: SMC Publishing INC., 1993.
- 艾馬克著，王興安譯，《十九世紀的北部臺灣：晚清中國的法律與地方社會》（臺北市：播種者文化，2003）。Mark A. Allee, *Law and local society in late imperial China: northern Taiwan in the nineteenth century*, Stanford, Calif.: Stanford University Press, 1994.
- 吳學明，《金廣福墾隘研究》（新竹縣竹北市：新竹縣立文化中心，2000）。
- 卓意雯，《清代臺灣婦女的生活》（臺北市：自立晚報社，1993）。
- 林正慧，《六堆客家與清代屏東平原》（臺北市：曹永和文教基金會，2008）。
- 林玉茹，《清代竹塹地區的在地商人及其活動網絡》（臺北市：聯經，2000）
- 林滿紅，《茶、糖、樟腦業與臺灣之社會經濟變遷：1860-1895》（臺北市：聯經，1997）。
- 邱淵惠，《臺灣牛：影像・歷史・生活》（臺北市：遠流，1997）。
- 施添福，《清代臺灣的地域社會：竹塹地區的歷史地理研究》（新竹縣竹北市：新竹縣文化局，2001）。
- 柯志明，《番頭家：清代臺灣族群政治與熟番地權》（臺北市：中央研究院社會學研究所，2003）。
- 郁永河原著，許俊雅校釋，《裨海紀遊校釋》（臺北市：編譯館，2009）。
- 翁佳音，《異論臺灣史》（臺北縣板橋市：稻鄉，2001）。
- 馬偕原著，林晚生譯，鄭仰恩校注，《福爾摩沙紀事：馬偕臺灣回憶錄》（臺北市：前衛，2007）。George Leslie Mackay, *from far Formosa: the island, its people and missions*. Taipei, Taiwan: SMC Publishing INC., 1991.
- 張勝彥，《清代臺灣廳縣制度之研究》（臺北市：華世，1993）。
- 莊吉發，《清代臺灣會黨史研究》（臺北市：南天，1999）。
- 許雪姬，《清代臺灣的綠營》（臺北市：中央研究院近代史研究所，1987）。
- 陳其南，《臺灣的傳統中國社會》（臺北市：允晨，1989）。
- 陳秋坤，《清代臺灣土著地權：官僚、漢佃與岸裡社人的土地變遷，1700-1895》（臺北市：中央研究院近代史研究所，1997）。
- 陶德，《北臺封鎖記 茶商陶德筆下的清法戰爭》（臺北：原民文化，2002）。
- 費德廉、羅效德編譯，《看見十九世紀臺灣：十四位西方旅行者的福爾摩沙故事》（臺北市：如果，臺南市：國立臺灣歷史博物館，2006）。
- 黃卓權，《跨時代的臺灣貨殖家：黃南球先生年譜（1840-1919）》（臺北縣中和市：國立中央圖書館臺灣分館，2004）。
- 黃富三，《臺灣水田化運動先驅：施世榜家族史》（南投市：國史館臺灣文獻館，2006）。
- 黃富三，《霧峰林家的興起：從渡海拓荒到封疆大吏（一七二九～一八六四）》（臺北市：自立晚報，1987）。
- 黃智偉，《省道臺一線的故事》（臺北市：貓頭鷹出版，2002）。
- 愛德華・豪士原著，陳政三譯，《征臺紀事：牡丹社事件始末》（臺北市：臺灣書房，2008）。Edward Howard House, *The Japanese expedition to Formosa*. Tokyo: Edward Howard House, 1875.
- 詹素娟、張素玢，《臺灣原住民史・平埔族史篇（北）》（南投市：臺灣省文獻委員會，2001）
- 戴炎輝，《清代臺灣之鄉治》（臺北市：聯經，1979）。
- 謝英從，《臺南吳郡山家族發展史：以彰化平原的開發為中心》（南投市：臺灣文獻館，2010）。

日本時代

- James W. Davidson 著，蔡啟恆譯，《臺灣之過去與現在》（臺北市：臺灣銀行，1972）。
  James W. Davidson, *The island of Formosa, past and present: history, people, resources, and commercial prospects. Tea, camphor, sugar, gold, coal, sulphur, economical plants, and other productions.* Taipei: Southern Materials Center, c1992.
- 日軍參謀本部著，許佩賢譯，《攻臺戰紀：日清戰史 臺灣篇》（臺北：遠流，1995）。
- 王泰升，《臺灣法律史概論》（臺北市：元照，2009）。
- 矢內原忠雄著，林明德譯，《日本帝國主義下的臺灣》（臺北市：吳三連臺灣史料基金會出版，2004）。
  矢內原忠雄，《帝國主義下の臺灣》（東京市：岩波，1929）。
- 伊能嘉矩原著，楊南郡譯註，《平埔族調查旅行》（臺北市：遠流，1996）。
- 竹中信子著，蔡龍保、曾淑卿、熊凱弟譯，《日治臺灣生活史：日本女人在臺灣》（臺北：時報，2007、2009）。竹中信子，《植民地台湾の日本女性生活史》（東京：田畑書店，1995、1996、2001）。
- 吳文星，《日治時期臺灣的社會領導階層》（臺北：五南，2008）。
- 吳密察等作，楊永彬、林巾力、溫浩邦譯；石婉舜、柳書琴、許佩賢編，《帝國裡的「地方文化」：皇民化時期的臺灣文化狀況》（臺北市：播種者文化，2008）。
- 呂紹理，《水螺響起：日治時期臺灣社會的生活作息》（臺北市：遠流，1998）。
- 周婉窈，《日據時代的臺灣議會設置請願運動》（臺北：自立晚報，1989）。
- 周婉窈，《海行兮的年代：日本殖民統治末期臺灣史論集》（臺北市：允晨文化，2003）。
- 林鐘雄，《臺灣經濟經驗一百年》（臺北市：自刊，2010）。
- 邱若龍編繪，《霧社事件：臺灣第一部原住民調查報告漫畫》（臺北市：玉山社，2004）。
- 柯志明，《米糖相剋：日本殖民主義下臺灣的發展與從屬》（臺北：群學，2003）。
- 柳書琴，《荊棘之道：臺灣旅日青年的文學活動與文化抗爭》（臺北：聯經，2009）。
- 若林正丈著，臺灣史日文史料典籍研讀會譯，《臺灣抗日運動史研究》（臺北：播種者文化，2007）。
- 荊子馨著，鄭力軒譯，《成為「日本人」：殖民地臺灣與認同政治》（臺北：麥田，2006）。
  Leo T.S. Ching, *Becoming "Japanese": colonial Taiwan and the politics of identity formation.* Berkeley: University of California Press, 2001.
- 許世楷著，李明峻、賴郁君譯，《日本統治下的臺灣》（臺北：玉山社，2006）。
- 許俊雅編，《日據時期臺灣小說選讀》（臺北市：萬卷樓，1998）。
- 陳柔縉，《臺灣西方文明初體驗》（臺北：麥田，2005）。
- 陳翠蓮，《臺灣人的抵抗與認同：一九二〇～一九五〇》（臺北市：曹永和文教基金會，2008）。
- 黃昭堂，《"臺灣民主國"研究：臺灣獨立運動史的一斷章》（臺北市：前衛，2006）。
- 黃昭堂著，黃英哲譯，《臺灣總督府》（臺北市：前衛，2002）。
- 涂照彥著，李明俊譯，《日本帝國主義下的臺灣》（臺北市：人間，1992）。
- 楊南郡，《臺灣百年花火》（臺北：玉山社，2002）。
- 葉榮鐘，《日據下臺灣政治社會運動史》（臺中市：晨星，2000）。
- 派翠西亞·鶴見著，林正芳譯，《日治時期臺灣教育史》（宜蘭縣宜蘭市：仰山文教基金會，1999）。
  E. Patricia Tsurumi, *Japanese colonial education in Taiwan, 1895-1945.* Cambridge, Mass. : Harvard University Press, 1977.
- 臺灣省行政長官公署統計室，《臺灣省五十一年來統計提要》（1946）
- 臺灣總督府警務局編，蔡伯壎譯，《臺灣總督府警察沿革誌 第二編：領臺以後的治安狀況（上卷）》（臺南市：國立臺灣歷史博物館，2008）。
- 鄧相揚，《風中緋櫻：霧社事件真相及花岡初子的故事》（臺北市：玉山社，2000）。
- 蘇碩斌，《看不見的臺北與看得見的臺北》（臺北市：群學，2010）。

戰後時期

- 王甫昌，《當代臺灣社會的族群想像》（臺北市：群學，2003）。
- 江文瑜（編），《阿媽的故事》（臺北市：玉山社，1995）。
- 何義麟，《跨越國境線：近代臺灣去殖民化之歷程》（臺北縣板橋市：稻鄉，2007）。
- 林鐘雄，《臺灣經濟經驗一百年》（臺北市：林鐘雄出版，三民總經銷，1998）。
- 邱彥貴，吳中杰，《臺灣客家地圖》，（臺北市：貓頭鷹出版，2001）。
- 若林正丈，賴香吟譯，《蔣經國與李登輝》（臺北市：遠流，1998）。
- 若林正丈著，洪金珠、許佩賢譯《臺灣：分裂國家與民主化》（臺北市：新自然主義出版，2009）。
- 高承恕，《頭家娘：臺灣中小企業「頭家娘」的經濟活動與社會意義》（臺北市：聯經，1999）。
- 莫那能，《一個臺灣原住民的經歷》（臺北市：人間，2010）。
- 陳明通，《派系政治與臺灣政治變遷》（臺北市：新自然主義，2001）。
- 陳芳明，《臺灣新文學史》（臺北市：聯經出版，2011）。
- 隅谷三喜男、劉進慶、涂照彥，雷慧英、吳偉健、耿景華漢譯，《臺灣之經濟：典型 NIES 之成就與問題》（臺北市：人間出版社，1993）。
- 黃富三（編著），《美麗島事件》（南投市：省文獻會，2001 年）。
- 廖雲章主編，《人生，從那岸到這岸：外省媽媽書寫誌》（臺北縣中和市：印刻，2006）。
- 遠流臺灣世紀回味編輯組編製，《認識臺灣：回味 1895-2000》，（臺北市：遠流，2005）
- 蕭阿勤，《回歸現實：臺灣一九七○年代的戰後世代與文化政治變遷》（臺北市：中央研究院社會學研究所，2010 第二版）。
- 賴澤涵（總主筆），《「二二八事件」研究報告》（臺北市：時報文化，1994）。
- 戴天昭，《臺灣國際政治史（完整版）》（臺北市：前衛出版，2002）。
- 薛化元，《自由化民主化：臺灣通往民主憲政的道路》（臺北市：日創社文化，2006）。
- 薛化元、陳翠蓮、吳鯤魯、李福鐘、楊秀菁合著，《戰後臺灣人權史》，（臺北市：國家人權紀念館籌備處，2003）。
- 藍佩嘉，《跨國灰姑娘：當東南亞幫傭遇上臺灣新富家庭》（臺北市：行人出版，2008）。
- 藍博洲，《幌馬車之歌》（臺北市：時報文化，2004）。

簡明臺灣圖史

審訂	黃富三、翁佳音、李文良、陳有貝、許佩賢
撰文	石文誠、陳怡宏、蔡承豪、蕭軒竹、謝仕淵
美術編輯	陳文德
執行編輯	劉文駿、江明珊、陳明祥
行銷企劃	郭其彬、夏瑩芳、王綬晨、邱紹溢、呂依緻、陳詩婷、張瓊瑜
副總編輯	張海靜
總編輯	王思迅
發行人	蘇拾平
合作出版	

國立臺灣歷史博物館

館長	呂理政
地址	臺南市安南區長和路一段 250 號
電話	（06）356-8889　　傳真（06）356-4981
網址	http://www.nmth.gov.tw/

如果出版社｜大雁文化事業股份有限公司

地址	臺北市松山區復興北路 333 號 11 樓之 4
電話	（02）2718-2001　　傳真（02）2718-1258
官網	www.andbooks.com.tw

發行	臺灣 ────────	香港 ────────
地址	大雁出版基地	大雁（香港）出版基地・里人文化
	臺北市松山區	香港荃灣
	復興北路 333 號 11 樓之 4	橫龍街 78 號正好工業大廈 25 樓 A 室
電話	（02）2718-2001	（852）2419-2288
傳真	（02）2718-1258	（852）2419-1887
E-mail	andbooks@andbooks.com.tw	anyone@biznetvigator.com
劃撥帳號	19983379	19983379
戶名	大雁文化事業股份有限公司	大雁文化事業股份有限公司

出版日期	2012 年 12 月 再版
定價	260 元

ISBN 978-986-6006-25-8　GPN 1010102299

有著作權・翻印必究

國家圖書館出版品預行編目資料

簡明臺灣圖史 / 石文誠等著 . ─ 再版 . ─
臺北市：如果，臺南市：臺灣史博館，2012. 12
面 ; 公分
ISBN 978-986-6006-25-8（平裝）
1. 臺灣史　2. 臺灣文化
733.21　　　　　101018894